쓰기 교양

쓰기 교양

AI 시대 어떻게 읽고 쓸 것인가

박숙자 지음

삼인

오늘도 우리는 읽고, 쓰고, 나아갈 것이다

이 책은 생성형 AI가 글쓰기 도구로 등장한 2023년 1학기부터 약 2년간의 글쓰기 수업을 기록하며 수업의 패러다임을 모색한 결과다. 2023년 코로나19가 해제되고 대면 수업이 재개되는 것과 동시에 생성형 AI가 학습 도구로 등장했다. 사회적 거리두기로 지쳐 있던 몸과 마음을 돌보며 삶과 지식을 새롭게 연결하기 위한 출발 지점에서 새로운 과제를 부여받은 셈이다. '쓰기'란 무엇이며, 무엇을 할 수 있는가? 이러한 질문을 할 때마다 학생들의 글에서 그 가능성을 발견했다. 이 책 곳곳에 놓여 있는 학생들의 글을 만나보길 바란다. 그들의 글이 이 책의 희망이자 이 책을 시작할 수 있었던 이유다. 글쓰기 수업(대학 교양 – 인문사회계)을 정리하며 다음의 4가지 질문으로 이 책을 구성했다.

"누가 쓰는가?" 이 질문은 쓰기 주체의 성찰적 기획에 관한 질문이다. 글쓰기에서 인간이 쓰는가, AI가 쓰는가를 논하는 것은 부차적인 문제다. 중요한 것은 급변하는 세계 속에서 학습자가 정신적 탄력성과 감정적 회복력을 바탕으로 '자신만의 언어'를 생산할 수 있는가다. 오늘날 디지털 사회에서는 어제의 정보보다 오늘의 정보가 2배라고 말해질 정도로 정보 생성의 속도가 빠르다. 누구나 더 빠르고 쉽게 문서를 작성하고 데이터를 생성할 수 있는 시대가 되었다. 그러나 이러한 변화 속에서 쓰기의 효율성이 증가하는 만큼 읽기 능력의 일부가 퇴화하거나 자기 서사를 잃은 '벌거벗은 인간'이 등장하는 아이러니한 상황이 벌어지고 있다. 따라서 "누가 쓰는가?"라는 질문은 학습자가 자신이 누구인지 묻고 답하며 삶과 지식을 통합해 나가는 과정을 강조한 것이다. 자신이 발 딛고 있는 세계 속에서 사유하고 경험하면서 그 안에 놓인 수많은 가능성에 연루될 수 있는 서사 쓰기를 쓰기의 출발 지점에 둔 이유다.

"어떻게 읽을 것인가?" 이 질문은 세계와 관계를 맺고 그 속에 적극적으로 참여하는 학습자의 읽기 역량에 대한 질문이다. 대학 글쓰기 수업은 공적 토론과 민주적 참여를 바탕으로 학문적 진실성을 학습하는 장이다. 이 과정에서 수업은 준準공론장으로 기능하며, 학습자들은 자신과 타인의 사유를 교섭하고 설득하며 조율하는 과정을 익히게 된다. 그러나 오늘날, 이러한 학문 공동체의 기반이 되었던 '공통 감각common sense'의 아우라가 점점 사라지고 있다. 과거에는 지식의 권위, 교수에 대한 기대, 동료애 등을 통해 말과 글이 안전하게 소통될 수 있는 가능성이 열려 있었다. 하지만 이제는 AI 기반의 개인화 알고리즘과 오픈 소스 검색을 통해 클릭 몇 번으로 사실과 진실에 도달할 수 있다고 믿는 시대가 되었다. 이러한 변화 속에서 타인의 말과 글을 경청하고 질문하는 역량이 더욱 중요해졌다. 사실적·비판적 읽기를 기본으로 하여 깊이 있는 분석적 읽기/쓰기를 강조하게 된 배경이다. 또한 리터러시literacy의 범위를 확장해 다중 리터러시multiliteracy로 전환함으로써 말과 글의 다양성과 포용성을 확대하고자 했다.

"어떻게 쓰는가?" 이 질문은 개별적인 사건과 단편적인 정보 간의 관계를 파악하고 이를 어떻게 배치하고 연결할 것인지 고민하는 과정에 대한 것이다. 글을 쓴다는 것은 단순히 정보를 나열하는 것이 아니라 정보 간의 간격과 배치, 순서와 강조점을 조율하면서 논리적 설득력을 확보하는 과정이다. 특히 담화 공동체 내에서 신뢰성과 진실성을 얻기 위해서는 윤리적 절차와 태도, 형식이 중요하다. 단순히 논증 구조를 익히는 데 그치지 않고, 믿을 만한 자료를 아카이빙하고, 그러한 정보를 효과적으로 연결해서 주장의 타당성을 증명하는 능력을 기르는 것이 논리적 설득력을 높이는 핵심 요소다. 좋은 글을 쓰기 위해서는 '결과'뿐만 아니라 '과정'이 중요하다. 논리적 글쓰기에서 적합한 논제를 설정하고, 쟁점을 파악해서 전제와 주장을 정리하고, 근거와 예시를 준비하는 일련의 단계를 체계적으로 경험해야 한다. 또한 반론 가능성을 고려하며 다른 입장을 가진 사람들과 토론을 통해 공론에 참여하는 연습 역시 필수적이다. 이를 위해 글쓰기센터, 도서관 등의 학습 지원과 각종 온라인 협업툴을 활성화하면서 사회적 협동과 학습 커먼즈(학습의 원리로서의 커먼즈)를 체화했다.

"누가, 어떻게 쓰는가?" 이는 AI를 글쓰기 수업에서 어떻게 활용할 것인지 묻는 질문이다. AI 사용 여부는 더 이상 논점이 아니다. 이미 AI는 검색 엔진의 요약과 추천 서비스, 그리고 디지털 장치의 알고리즘에 이어 문장 자동 완성에 이르기까지 글쓰기 과정 곳곳에 기술적 기반으로 작동하고 있다. "누가, 어떻게 쓰는가?"라는 질문은 AI가 불러온 변화를 학습자가 어떻게 주체적이고 생산적으로 전환할 수 있는가의 문제다. 인쇄 혁명이 읽기와 쓰기의 방식뿐만 아니라 글의 형식과 내용 자체를 변화시켰듯 컴퓨터 기술 역시 담화 형식과 글쓰기 기술의 변화를 이끌어왔다. AI 또한 이러한 역사적 흐름 속에서 새로운 국면을 만들어가고 있다. 다만 글쓰기 수업에서는 AI를 기술적 도구이자 학습자의 메타인지를 강화하는 도구, 즉 논리적 공백을 보완하는 피드백과 토론 도구로 시범적으로 사용했다. 이를 위해 학습자의 주체성, 능동성, 메타인지를 반영한 의사소통 모델을 기반으로 프롬프트 글쓰기 방식(AI 기반 자기 주도 학습)을 도입해보았다.

***

이 책에 담긴 쓰기 이론과 방법은『읽기와 쓰기』및『움직이는 글쓰기』를 근거로 하고 있다. 그러나 무엇보다도 이 책이 완성될 수 있었던 것은 글쓰기 수업에 참여한 학생들과 매 학기 글쓰기 워크숍을 준비하며 수업의 변화를 이끌어주신 서강대학교 국어국문학과 교수님들, 그리고 글쓰기 과목을 담당하신 선생님들의 헌신과 노고 덕분이다. 또한 학생들의 글쓰기를 위해 아낌없는 지원과 협조를 해주신 글쓰기센터 선생님들과 튜터들, 그리고 로욜라도서관 사서 선생님들의 도움이 큰 힘이 되었다. 깊이 감사드린다. 아울러 〈자연계 글쓰기〉와 〈인문사회 글쓰기〉 수업의 방향을 함께 고민하며 책의 기획 단계에서부터 마지막 탈고 과정까지 도움을 준 이상헌 선생님께 고마움을 전하고 싶다. 또한 원고 수정 과정에서 세심하게 피드백을 해주신 심진경, 엄미옥, 이해진, 이소연 선생님께도 고마움을 전한다. 마지막으로, 이 책이 완성되기까지 성실하고 꼼꼼하게 편집을 맡아준 임채혁 편집자와 어려운 출판 환경 속에서도 책의 필요성에 공감하며 출판을 결정해주신 삼인 출판사에 고마움을 전한다.

이 책『쓰기 교양』은 학생들의 말과 글에서 시작되었다. 말과 글을 통해 삶의 곤경과 마주하며 비약의 시간을 기다리는 모든 이들에게 이 책 속 수많은 목소리들이 희망이 되기를 바란다. 이 책은 코로나19 기간 동안 말과 글로 그 시간을 버텨낸 학생들, 그리고 코로나19 이후 반짝이는 사유와 단단한 내면을 글쓰기로 보여준 모든 학생들과 함께 만들어낸 결과물이다. 학습자 각자가 자신이 선 위치에서 앎과 삶을 연결할 때 우리의 세계는 더욱 풍요로워질 것이다. 오늘도 우리는 읽고, 쓰고, 그리고 나아갈 것이다.

2025년 봄

박숙자

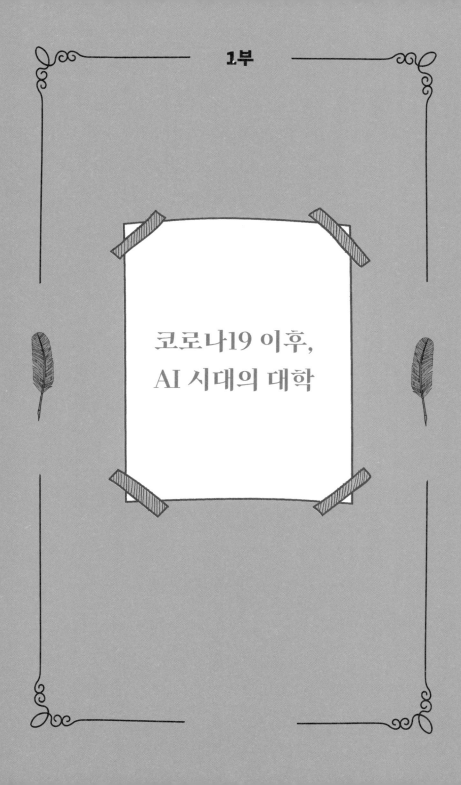

1부

코로나19 이후,
AI 시대의 대학

코로나19가 해제되고 대면 수업이 재개되자 '생성형 AI'가 '인간'의 얼굴을 하고 등장했다. 학문적 진실성을 추구해야 하는 대학 글쓰기에서 AI는 양날의 검이다. 학술 정보의 집적과 공유를 혁신적으로 확장하는 동시에, 단편적 디지털 정보가 확증 편향을 강화하고 공적 삶을 위협할 위험도 내포하고 있기 때문이다. 그러나 팬데믹 시기에도 그랬던 것처럼 새로운 앎과 삶을 상상하며 말과 글을 통해 '제2의 탄생'을 꿈꾸는 학습자들이 이곳에 있다. AI 시대 '판도라의 상자'와 '판도라의 희망' 사이에서 읽기와 쓰기에 대해 성찰하려는 이유다.[1]

이 책은 글쓰기 패러다임 전환을 준비하며 정리한 AI 시대 '쓰기 교양'을 위한 강의록이다. 지난 2년간 몇 개의 질문을 품으며 쓰기 수업에 대해 생각했다. 이를테면, '좋은 글'이란 무엇인가?

쓰기 주체 없이도 '좋은 글'이 가능한가? '문해력 약화'는 적절한 교육적 진단인가? 그렇다면 학생들에게 필요한 문해력은 무엇인가? 탈진실 시대에 '진실'을 보증할 수 있는 쓰기의 방법은 무엇인가? 생성형 AI의 언어 '생성'은 학습자의 '쓰기'에 어떠한 도움을 줄 수 있는가? 글쓰기 수업에서 디지털 매체는 읽기와 쓰기 과정에서 어떻게 활용하는 것이 가장 효과적인가?[2]

2024년 1학기 수업 초반 "다음 시간에는 독후감을 쓸 겁니다"라고 이야기하자 한 학생이 "독후감을 쓰는 건가요?"라고 물어왔다. 질문의 의도가 분명하지 않아 "네, 독후감을 씁니다"라고 답하자 "그러니까 볼펜이나 연필로 쓰는 거지요?"라고 의도를 확인하며 재차 되물었다. 이 학생은 '쓰다'라는 동사를 '연필과 볼펜'을 도구로 이용한 행위로 이해하는 듯했다. 즉, '쓰다'를 '타이핑'하거나 '자판을 치는' 행위와 구별하며 질문한 것이다. 대학 신입생으로서 수업 맥락을 조심스럽게 확인한 질문이었지만, '쓰다'라는 말이 '쓰는 주체'와 분리될 수 있음을 보여주는 사례다.

'쓰다'의 동사적 어원은 '돌에 새기다'라는 의미에서 출발해 '윤곽을 그리다, 그림을 그리다'와 '글로 적어두다'로 확장된다. 한자의 경우도 비슷하다. '書'의 경우 '글'과 '기록' '쓰다' 등이 모두 포함된다. '쓰다'는 단순한 기록 행위를 넘어 '짓고' '새기고' '기록'하는 행위로 지식과 느낌을 표현하고 생산하는 수행적 행위다. 즉, 쓰기는 정신의 활동이자 몸으로 익히는 신체의 활동이다. 오늘날 '글'과 '쓰기'의 연결이 느슨해진 이유는 주체의 행위 없이도 생성되는 정보와 지식, 창작의 결과물이 급증했기 때문이다. 쓰기를 주체의 수행적 행위, 즉 '동사'로서 이해해야 하는 이유다. 쓰기의 결과물, 즉 명사로서의 '글'은 인간이 생산할 수도 있고 그렇지 않을 수도 있다. 인정하든 그렇지 않든 '글'은 '인간'의 독점적 행위가 아니라 다양한 기계적 과정에 의해 생산되기도 한다. 쓰기의 환경이 달라졌기 때문이다.

이 책은 앎과 삶을 잇는 쓰기 주체의 건강한 지식 탐구에 대한 고민을 담고자 했다. 그 주요 방법은 다음과 같다. 첫째, 의사소통 행위로서의 지식 생산 전통을 계승하면서도, 미디어·디지털·몸짓·생성형 AI까지 포괄하는 다중 리터러시,[3] 즉 복수의 리터러시를 탐색했다. 또한 리터러시를 확장하는 방안으로 세대·인종·나이·성별의 차이를 포괄하는 다양성을 기반으로 한 비언어적 소통을 활성화하고, 디지털 기반 학습 자원을 효과적으로 활용하기 위한 AI 리터러시를 학습했다. 둘째, 커먼즈로서의 지식을 강화하고 사회적 협동을 촉진하며, 쓰기의 공통 감각을 강조했다. 또한 교실 안팎에서 이루어지는 연결, 접속, 협동, 토론 등 다양한 상호작용을 중시했다. 이를 통해 학습자 간 협력을 촉진할 뿐만 아니라 기관(글쓰기센터, 도서관)의 지원을 강화해 학습자의 쓰기 행위를 둘러싼 사회적 맥락을 확장했다.[4] 이를 학습 내용으로 정리하면 다음과 같다.

첫째, 개인의 경험과 관찰을 바탕으로 공통 감각common sense을 강화하고자 했다. 코로나19 동안 사회적 거리 두기, 디지털 네이티브 세대의 매체 경험, 신자유주의 시대의 능력주의 심화로 인해 학습자의 개별화 경향이 강해지고 공통 감각이 약화되었다. 그 결과, '나'(학습자)의 감정적 회복력뿐만 아니라 타인에 대한 공감 능력 또한 현저히 저하되었다(독후감 평가 참조, 63 - 67쪽). 이를 보완하기 위해 쓰기 주체의 통합적인 자아상을 정립하고 회복하는 서사 쓰기를 수행했다. 또 소설을 함께 읽고 소감을 나누면서 타인을 공감하는 읽기를 시도했다. 공감은 타인을 그의 삶의 맥락 속에서 이해하는 사회적 상상력이다. 학습자는 자신의 삶을 성찰하면서 타인과 공존하는 다양한 방식과 태도를 익히는 것이 필요하다. 이를 위해 인물 간의 관계와 맥락을 고려하며 읽는 '깊이 읽기' 방법을 독후감 쓰기에 적용해보았다. 이 과정에서 일관되게 강조한 것은 '나의 삶을 돌보고, 타인의 고통에 공감하며, 공동체의 미래를 성찰하는 태도'다.

아울러 교실 안에서 이루어지는 다양한 비언어적·언어적 소통을 중요하게 고려했다. 대개 공통 감각은 '주변 분위기'를 감각하고 이해하는 태도에서 출발한다.[5] 학습자가 교실에 들어서는 순간 요구받는 태도, 관행, 규칙 등은 학교의 역사, 교실의 장소성, 지식의 권위, 교수에 대한 기대, 동료애 등이 결합되어

나타나는 것이다. 이는 수업 과정에서 교수자의 태도와 수업 분위기를 통해 학습자에게 자연스럽게 내면화된다. 하지만 코로나19 이후 공통 감각의 아우라가 사라졌다.[6] '교실'을 사회적 생성의 장으로 전제하면서, 학습자 간 언어적·비언어적 소통을 강조하게 된 이유다.

둘째, 디지털, 미디어, AI 매체를 비판적·윤리적·주체적으로 수용하기 위해 문해력의 범위를 다중 문해력으로 확장해 학습했다. 전통적으로 '문해력'은 문장을 이해하는 능력을 의미하며, 표준어와 올바른 글쓰기 방법, 그리고 위대한 작가들의 이상화된 규범을 익히는 것으로 간주된다.[7] 이는 담화 공동체에서 필수적으로 요구되는 읽기 능력이다.[8] 그런데 최근에는 책과 문서만이 아니라 디지털 매체를 통해 읽고 쓰는 일이 늘어났다. 텍스트 중심의 읽기 학습을 유지하면서도 읽기 자료의 범위를 확장하게 된 이유다.[9] 다중 문해력은 학습자의 읽고 쓰기의 경험을 학습 환경으로 수용한 것이다. 또한 텍스트 중심의 읽기 자료뿐만 아니라 미디어 읽기를 수행하고 토론 과정에서 '비언어적' 기호의 중요성을 강조하는 것 역시 다중 문해력의 사례다.

우리는 각자 자신의 위치에서 읽고, 말하고, 쓴다. 문해력(리터러시)은 타인의 언어를 들을 수 있는가와 관련된 문제이며, 문자에 대한 감수성뿐만 아니라 말과 글, 몸짓과 이미지 등 다양한 표현 방식이 동원될 수 있다. 따라서 언어적·시각적·청각적·몸짓적·디지털 등 5가지 기호 체계를 소통 도구로 활용할 수 있다. 21세기의 변화하는 리터러시는 언어, 시각, 청각, 몸짓, 디지털 등으로 다원화되어야 한다. 리터러시 확대는 변화하는 공론장에 대응하는 전략이자 다양성과 포용성을 확보하는 문제다. 한자어에 기반한 문어체 중심의 지식 언어를 이해하는 능력도 중요하지만 뉴미디어와 SNS에서 가짜 정보와 질 높은 정보를 판별할 수 있는 안목 또한 필수적이다. 이와 함께 대학 글쓰기에서 AI 리터러시를 유사한 수준으로 고민했다. 생성형 AI에 대해 단순히 '생성'이라는 가치 중립적 언어에 놀라움을 느끼는 것에 그치지 않고, 이 도구를 어떻게 활용할 것인지, 그리고 질 높은 정보를 어떻게 판단할 것인지 다시 질문해야 한다.

셋째, 담화 공동체의 가치와 지향을 고려하는 비판적 읽기와 논증적 쓰기를 강조했다. 논리적 정합성 중심의 비판적 읽기에서 더 나아가 독자의 정체성, 사회적·문화적 비전, 공동체의 철학을 강조하며 읽기와 쓰기를 수행했다. 비판적 읽기는 주장과 근거의 타당성과 정합성, 충분성 등을 다시 읽는 읽기이기도 하지만,[10] 독자가 텍스트의 의미를 주체적으로 판단하면서 읽는 능동적 읽기다. 담화 공동체의 공유된 가치와 인식을 학습하면서 학습자의 주체적 경험으로 강조했다.[11]

대부분의 대학생들은 대체로 비판적 읽기를 어려워한다. 2023년 1학기 글쓰기 지식 자기 점검표에서 가장 낮은 점수를 받은 항목이 '비판적 읽기'였다. 특히 학생들은 사회·문화 현상에 대해 비판적 견해를 서술하는 것에 어려움을 느낀다. 이는 비판적 읽기가 단순한 독해 능력이 아니라 배경지식과 공동체의 가치, 그리고 '나'의 정체성을 반영하는 사고 과정이기 때문이다. 논증적 쓰기 또한 마찬가지다. '논증'은 주장의 정당화 과정을 논리적으로 제시하는 과정이다. 다만 '주장' 이전에 담화 공동체의 컨센서스를 이해하고 믿을 만한 출처에서 적절한 근거를 찾아 윤리적으로 글을 쓰는 일이 필요하다. 논증에서도 주장과 동시에 논제 구성, 전제 이해, 믿을 만한 근거 등의 탐색이 중요하다. 비판적 읽기와 논증적 쓰기는 대학 글쓰기의 기본 역량이다.

넷째, 쓰기의 '결과' 못지않게 쓰기의 '과정'을 강조했다. '쓰기'를 명사로서 전유하는 것이 아니라 동사로서 수행하는 것이다. 읽기·쓰기의 배움은 쓰기 주체가 다른 학습자와 공감하고 지지하며, 협력하고 비판하는 과정에서 촉발된다. 한 편의 글을 완성된 결과물로 제출하는 것 못지않게 글쓰기 과정 전체를 몸으로 익히는 것 역시 중요하다. 이는 학습자의 윤리적·교육적 태도와도 연결된다. 예를 들어 한 편의 글쓰기를 작성할 때 교수자와 개별 면담을 통해 질문을 구체화하고, 독서 소모임,

글쓰기센터 첨삭, 동료 튜터링 등 다양한 접촉 과정(대면·비대면)에 참여하면서 글을 쓰는 방식이다. 이는 대학에서 지식 생산의 원리인 '커먼즈commons'를 몸소 익히는 과정이다.

결론적으로, 동일한 사건을 다룬 기사라 하더라도 출처를 명확히 하고, 동료들의 피드백을 받아보는 경험이 조금 더 중요하다. 일례로 원천 자료를 얻기 위한 과정이 있었는지, 담화 공동체에서 통용되는 인용 방식을 습득했는지가 중요하다. 이 과정에서 누구든지 예측 가능한 글을 생성하는 게 아니라 구체적 경험과 고유한 시각, 특정한 맥락이 반영된 글쓰기 단계마다 익혀나가야 한다. 즉, 글쓴이의 시선이 무엇인지, 그 사유와 감각의 절차가 신뢰할 수 있는지, 그리고 증빙된 자료가 신뢰할 수 있는지, 그 자료를 채집하고 발견하는 과정에서 윤리적 문제가 없었는지 준비되어야 할 것이다.

쓰기 수업은 '경험하기, 개념화하기, 분석하기, 적용하기'의 4단계를 변주해 계획했다. 1단계는 공통 경험과 공감을 확인하는 쓰기, 2단계는 다양한 읽기 자료를 통해 관점을 익히는 과정, 3단계는 분석과 논증의 방법을 통해 한 편의 글을 완성하면서 자료의 출처와 활용을 학습하는 단계다. 마지막 4단계에서는 글쓰기센터 튜터링, 동료 튜터링, AI 피드백 등 다양한 인터페이스를 활용해 글을 완성한다. 이 과정은 개인의 사유를 단련하는 것뿐만 아니라 공통 감각에 기반한 지식의 확장을 목표로 한다. '나의 언어'를 만들기 위해서는 타인의 언어를 듣고 이해하며 공감하는 동시에 비판적으로 사유하는 것이 필수적이다. 수업 시간에 지식 생산을 위해 다양한 형태로 이루어지는 사회적 협동 역시 핵심적인 학습 활동이다. 이러한 맥락에서, 학생 간 협업을 강조하는 '조별 모임'과 '협력 학습'을 적극적으로 활용했다.

타인의 생각을 읽고, 경청하고, 함께 의견을 공유하는 과정이 읽기와 쓰기 활동의 전제다. '나'와 '너'가 공통의 세계에 발 딛고 있음을 이해하고 발견해야 한다. 이런 과정을 거쳐야 비로소 '나'의 언어가 발견된다. 즉, 타인과의 만남을 통해 '나'의 사유를 확장하고, '우/리'의 세계를 만들어가는 법을 익히는 것이다.

참고로 '가짜 뉴스와 싸우려면 온 마을이 필요하다'[12]라는 패러디가 흥미롭다. 이때 '마을'은 '말(글)'을 둘러싼 시민들의 삶과 지식의 네트워크다. 학습자 간에 서로 연결되는 경험을 통해 말과 글에 대한 교육적 성찰을 실천하는 수업을 강조하는 이유다.

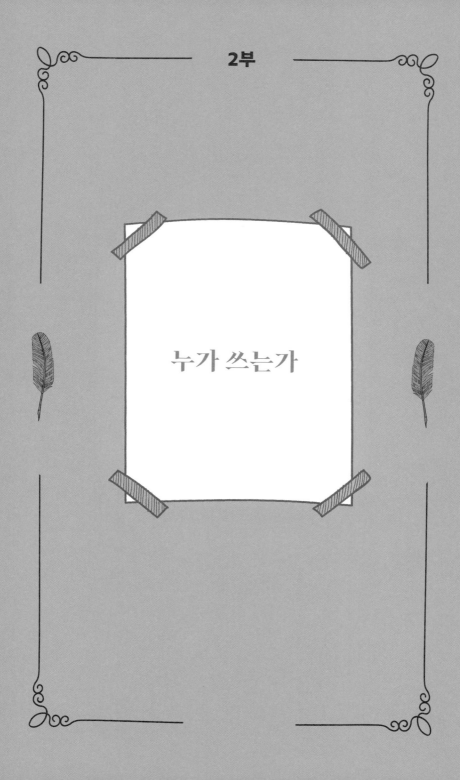

2부

누가 쓰는가

1장

삶과 앎을 연결하는
'나'의 언어

2023년 1학기 코로나19 이후 대면 수업이 본격적으로 재개되었다. 학생들과 만나는 첫 수업에서 '쓰기'의 수업 목적을 유발 하라리의 말로 대신했다. 그는 "전통적인 모델은 쓸모가 없어질 것이다. (…) 나는 누구인가라는 물음이 전에 없이 다급해지고 복잡한 질문으로 떠오를 것이다. 그런 세계에서도 살아남고 번성하기 위해서는 강한 정신적 탄력성과 감정적 균형감이 필요하다"[1]라고 언급했다. 유발 하라리는 21세기를 위한 '교육' 혁신을 제안하며, '인생은 조각조각 부서지고' '전통적인 모델이 쓸모가 없어지는' 현실을 다시 한번 강조했다. 그는 지식 중심의 교육에서 벗어나 비판적 사고Critical Thinking, 의사소통Communication, 협력Collaboration, 창의성Creativity 등 이른바 '4C 교육'을 제안하며, 변화하는 시대 속에서 자아를 재발명할 수 있는 회복 탄력성resilience의 중요성을 역설했다.

현재 대학 글쓰기 수업 역시 새로운 교육 모델을 창안하기 위해 분주하다.[2] 그동안 대학 글쓰기 교육은 글쓰기 원리에 기반해 학문적 글쓰기와 지식 생산을 위한 글쓰기를 가르치는 데 집중해왔지만 최근에는 학습자의 '정신적 탄력성'과 '감정적 균형감'까지 고려하는 방향으로 전환하고 있다. 이를 위해 소통과 협력에 기반한 학습자 간 연결을 다양하게 모색하며 비판과 상상, 그리고 공감을 촉발하는 글쓰기를 준비하고 있다. 또한 학습자의 '느낄 수 있는 생각'[3]의 가능성을 고려하며 공통감각 등을 역시 중요한 변수로 다룬다. 매리언 울프는 '느낄 수 있는 생각'이 '깊이 읽기'로 나아가는 징검다리라고 말한다.[4] 깊이 읽기 위해서는 '나'를 성찰하는 것과 동시에 타인에 대한 이해와 공감이 가능해야 하기 때문이다. 글쓰기 과정에서 합리적 사유 못지않게 느낌과 감정을 중요하게 다루는 이유다.

쓰기 주체의 정신적 탄력성과 감정적 균형감

그렇다면 무엇부터 써야 할까? 이제 본론으로 들어가보자. 영화 〈더 웨일The Whale〉에서부터 이야기를 시작해보려고 한다. 〈더 웨일〉은 대학에서 글쓰기를 가르치는 교수의 이야기다.

주인공인 브랜든 프레이저는 온라인으로 글쓰기 수업을 진행하며, '명확하게 써라' '퇴고하라' '객관적으로 써라'와 같은 글쓰기 원칙을 강조한다. 하지만 그는 수업 내내 자신의 화면을 켜지 않으며, 단지 수업에서만 그런 것이 아니라 그 누구와도 대면하려 하지 않는다. 그는 한때 결혼을 했고 아이도 낳았지만, 사랑했던 제자를 잃은 후 폭식하며 사회적 고립을 자처하고 있다. 매번 '명확하게 써라' '퇴고하라'고 강조하지만, 정작 그의 삶은 '명확'하지도 않으며, '퇴고'할 만큼의 회복 탄력성도 없다. 그의 삶은 그가 가르치는 글쓰기 원칙과 무관하게 흘러간다.

그러던 어느 날, 브랜든은 딸의 에세이를 읽고 삶에 대한 생각이 완전히 바뀐다. 그 글은 허먼 멜빌의 『모비딕』에 관한 독후감으로, 거대한 모비딕과 사투하는 장면에서 거구의 아버지를 떠올리는 내용이다. 브랜든은 딸의 에세이에 담긴 공감의 표현을 읽으며 마음의 빗장이 풀린다. 딸의 언어가 그의 폐쇄적인 삶에 균열을 내는 힘이 된 것이다. 브랜든은 글쓰기를 통해 삶을 회복하는 방법을 찾지 못했지만, 딸의 문장을 통해 그 가능성을 엿보게 된다. 그리고 그 변화는 그의 글쓰기 수업에도 영향을 미친다. 그는 수강생들에게 '명확하게 써라'라고 말하는 대신, '솔직하게 쓰라'고 당부한다.

그렇다면 솔직하게 쓴다는 것은 무엇일까. 짐작건대 삶과 앎을 연결하는 것, 다시 말해 자신의 삶과 쓰기를 연결하는 것이다. 글쓰기는 나를 돌보고 성찰하면서 삶을 회복시키는 것이다. 브랜든은 글쓰기를 가르치고 있지만 글쓰기를 통해 삶의 건강성을 찾지 못했다. '명확하고 설득력 있는 글'을 쓰라고 가르치고 있지만, 그렇게 쓰는 것과 삶이 어떻게 연결될 수 있는지 말하지 못했다. 글쓰기는 자기를 돌보는 일이자 타인과 사회의 건강한 발전을 만들어내는 일이다. 즉, 글을 쓴다는 것은 나의 감정을 읽고 해석하는 일이자 너의 사유를 듣고 이해하는 일이다. 사람들은 글을 쓰지 않고 살 수 있다고 생각하지만, 글을 쓰지 않는 것은 감정과 사유를 정리하지 못하기 때문에 '의미'를 발견하기는 어렵다. 무수한 느낌을 글로 옮기고 정리하는 것은 감정을 '옮기는' 것이 아니라 감정과 감정을 연결하고, 감정과 사유를 이어가면서 나와 타인을 공존할 수 있게 하는 논리를 발견하는 일이다.

삶과 앎을 연결하는 글쓰기

그래서 수업 첫 시간에 학생들에게 물어보았다. 앞으로 어떤 글을 쓰고 싶은가? 어떤 글을 쓰며 살아가고 싶은가? 나는 '나'뿐만 아니라 '너'가 존재하는 담화 상황을 고려하는 로만 야콥슨의 의사소통(커뮤니케이션) 모델을 바탕으로 글쓰기를 상상해보도록 했다. 글쓰기의 구상 단계에서부터 소통 과정을 구조적으로 이해하는 것이 중요하기 때문에, 학생들에게 누가 읽을 것인지, 무엇을 쓸 것인지 복합적으로 사고하는 능력을 기를 수 있도록 야콥슨의 의사소통 모델을 활용하도록 한다. 야콥슨의 모델에 따르면, 의사소통 과정은 발신자sender, 수신자receiver, 메시지 message, 상황context, 코드code, 접촉contact 등 6가지 요소로 구성된다. 이를 바탕으로, 자신이 쓰고 싶은 글을 어떤 맥락에서, 누구를 대상으로, 어떤 방식으로 쓸 것인지에 대해 고민해보았다.[5]

야콥슨의 의사소통 모델

발신자	메시지	수신자
	맥락	
	코드	
	접촉	

나는 어떤 글을 쓰고 싶은가

사례 1 나는 부정의의 상황으로 인해 상처 입은 사람들에게, 또는 부정의를 옹호하고 방관했던 사람들에게 성찰과 감동을 전달하는 시민이 되고 싶어.

사례 2 나는 20대 히키코모리 청년들에게 세상에 다시 나올 힘을 줄 수 있는 글을 쓰고 싶다.

사례 3 나는 작가로서 청소년들에게 비전을 제시할 수 있는 글을 쓰고 싶다. 어린 독자들도 쉽게 받아들일 수 있도록 쉽고 가까운 글이었으면 좋겠다.

사례 4 나는 비판적인 논리로 주어진 정보를 체계적으로 분석해서 그 주장이 얼마나 타당하고 신뢰할 수 있는지 판단하고 싶어.

사례 5 나는 아들로서 여행(맥락) 중에 부모님께 포옹하며 사랑한다는 말을 하고 싶다.

* 야콥슨의 '의사소통 모델'(발신자, 수신자, 상황, 코드, 메시지, 접촉 등)을 안내한 뒤 작성함
* 공유 문서 협력툴(구글docs)에 각자 접속한 뒤 익명으로 작성

－익명, 2024－2학기

학습자들은 익명으로 접속해서 작성했다.[6] 어떤 학생은 "나는 의지할 대상 없이 방황하고 있는 청소년들에게 용기를 주는 글을 쓰고 싶다"고 했고, 또 다른 학생은 "사회적 갈등을 해결할 수 있는 글을 쓰고 싶다. 세대, 젠더 갈등을 해결할 수 있는 설득력 있는 글을 쓰고 싶다"고 썼다. 또 어떤 학생은 흉기 난동으로 피해를 입은 사람들을 위로하는 글을 쓰고 싶다고 했

고, 또 다른 학생은 수도권 과밀화 문제를 명쾌하게 분석하고 타개할 수 있는 글을 쓰고 싶다고 했다. 학생들의 바람을 주제별로 분류해보니 크게 5개로 나눌 수 있었다. '사회적 메시지 전달, 개인적인 위로, 작가로서(창작자, 생산자) 소통하는 글, 비판적 사고와 통찰, 성찰과 감정 표현 등이 그것이다. 전체적으로 개인적인 위로의 글을 쓰고 싶다는 학생이 많았고 사회적 메시지를 전달하는 글이 그 뒤를 이었다.

위의 5가지 범주는 글쓰기 수업의 목표이기도 하다. 한 명의 시민으로서 사회 문제를 해결하는 글을 써보는 것, 친구와 이웃의 아픔에 공감하며 적절한 언어를 생산하는 것, 그리고 한 명의 창작자로서 유용한 정보의 콘텐츠를 제작하는 것, 비판적이고 분석적인 글쓰기 능력을 길러 사회 문제에 대해 발언하는 것, 아울러 자신의 삶을 돌아보며 따뜻한 마음을 나눌 수 있는 글을 쓰는 것 등이 그것이다.

학습자들은 이미 글쓰기 수업에서 무엇을 해야 하는지 알고 있었다. 이제 학습자 스스로 자신이 어떤 글을 쓰고 싶은지 생각해보면 된다(학생 글쓰기 사례 '나'의 서사 쓰기 참조, 68 - 71쪽).

2장

공통 감각과 공감:
경험과 관찰로부터 쓰기

뉴미디어 시대에 단편적인 디지털 정보가 확대되면서 서사 쓰기(읽기)를 낯설어하는 학습자가 늘어나고 있다.[7] 서사는 시간적 질서를 활용해 의미를 구성하는 글쓰기 방식이다.[8] 인류는 코로나19와 같은 재난 속에서 '서사'의 힘을 빌려 조각난 현실 관계를 상상적으로 메우며 삶의 질서를 붙잡았다. 서사 없는 삶은 한 개인을 '벌거벗은' 존재로 만든다.[9] 개인의 정체성은 조각난 사건을 연결하고 결합하는 과정에서 해명될 수 있기 때문이다. 마사 누스바움은 시민의 능력과 자질을 설명하며, '한 인간의 삶과 서사에 영향을 미치는 다양하고 복잡한 이슈들을 제대로 상상할 줄 아는 능력'이라고 강조한 바 있다.[10]

　서사는 단편적인 정보를 인과적으로 연결해 삶의 논리와 질서를 형성하는 쓰기 원리다. 그렇다면 이제 막 대학에 입학한 학생들은 '서사'를 구성할 수 있을까? 혹은 단편적인 사건을 연결해서 '삶의 의미와 기대'를 만들어낼 수 있을까? '우리의 서사'는 가능할까? 이제, 잠시 유보되었던 사회적 감각을 되살려 '우리'가 살아갈 세계에 대한 비전을 공유해보는 것은 어떨까? 서로의 경험과 기대를 모아 '우리' 안에 놓여 있는 서사를 발견해보자.

서사
서사는 대상의 변화를 시간적 흐름에 따라 조직하여 의미를 구성하는 방식이다.[11] 서사에서 대상의 추이를 살피는 데 핵심이 되는 것은 무엇을 '사건'으로 볼 것인지 해석하고 발견하는 것이다.[12] ① 서사는 '사건'을 중심으로 의미가 구성된다. ② 사건의 연쇄를 통해 어떤 가치와 주제가 드러나는지 살펴보자.

서사 쓰기에서는 일련의 시간적 흐름 속에서 무엇을 '사건'으로 볼 것인지 판단하는 것이 우선이다. 일기를 쓸 때도 온종일 있었던 일 중에서 자신에게 중요한 '사건'이 무엇인지 파악하는 것이 핵심이다. 만약 오늘 하루가 '잘 마무리되었다'고 느껴진다면 이 느낌을 유발하거나 촉발한 에피소드를 '사건'으로 선택해보자. 자신이 쓰고자 하는 느낌의 요점(혹은 전달하고자

하는 주제)이 무엇인지, 그 느낌을 이루는 핵심적 사건이 무엇인지 질문해보자. 수업에서는 기승전결의 원리를 활용해 서사를 구성해보기로 한다. '기'에서는 인물과 배경, 상황을 소개하고 '승'에서는 인물의 행동이 시작되면서 갈등이 촉발된다. '전'에서는 갈등을 해결하는 '사건'이 발생하고 '결'에서는 문제 해결 상황 혹은 통합된 의미에 도달한다. '서사'는 넓게 보아 시간의 연쇄이므로 이 원리를 이해하면 여러 상황에 적용할 수 있다.[13]

코로나19 직후 학생들의 집단 서사에서 눈에 띄는 특징은 '암담한 과거'로 시작하는 서사다. 어떤 조에서는 '5수'를, 또 어떤 조에서는 '삼수'를 설정하는 경우가 많았다. 이는 그만큼 힘들었다는 느낌을 표현하려는 시도로 보인다. 그래서 대개 '기' 단계에서는 '어려움' '불편' '부적응'의 내용을 중심으로 이야기가 전개된다. 재수 등의 입시 경험의 어려움을 겪는 내용도 있었고, 내향적인 성격으로 친구 사귀는 데에 어려움을 겪는 서사도 있으며 외국 생활로 인해 친구들과 소통이 쉽지 않다는 식의 서사도 있다. 새로운 출발점에 서 있지만 이 세계가 녹록지 않다는 사실이 서사를 통해 드러난다.

그렇다면 '승'은 어떠한가. '기'에서 제시했던 어려움에서 벗어나는 과정이 묘사된다. 가장 많은 경우가 '동아리'나 '학회'에 가입을 계기로 시작되는 서사다. "그런 그에게도 삼수를 하면서 위로가 되었던 취미가 있었는데, 주인공 '그'는 따분함과 외

로움을 휴식 시간에 통기타를 연습하는 것으로 풀었다. 혼자
악기를 연주하는 것에는 한계가 있다는 것을 깨닫고 학과 밴드

서사 쓰기 1

(기) 2023년 3월 2일 김○○은 ○○대학교에 입학했다. 5수를 하고 들어
간 학교인 만큼 학교에서 친구들을 많이 사귀고 싶다는 로망을 가진 신
입생 김○○이었다. 하지만 김○○은 고등학교 시절에는 외향적이었지
만 재수 생활을 겪고 자존감이 낮아져 내성적인 성격으로 바뀌었다.

(승) 내성적인 성격의 김○○은 처음 만나는 동기들과 친해지는 데에 어
려움을 겪었다. 우연히 동아리 거리제를 지나가다가 합창 동아리 부원
중에 한 명인 박합창이 김○○에게 동아리에 들어오라고 했다. 평소 동
아리에 대한 생각은 없었지만 노래를 잘하는 김○○은 어쩌면 좋은 기회
가 될 수 있을 것이라고 생각했다.

(전) 동아리에 들어가서 MT에 가고 처음으로 같이 노래를 하는 자리에
서 김○○은 자신의 실력을 보여주었다. 부원들 모두 먼저 김○○에게
다가가 친해지자고 말을 걸었고 더 이상 혼자 밥을 먹지 않아도 되었다.

(결) 김○○은 동아리에 들어오라고 권유한 박합창과 자신에게 말을 걸
어준 동아리 부원들에게 고마움을 느꼈고 자신도 먼저 다른 사람에게 용
기를 내어 먼저 다가가는 사람이 되어야겠다고 다짐했다.

※ 인물과 사건을 결정한 다음 기승전결로 구성(조별, 2023)
※ 사건: 사회적 관계의 발견과 회복

부에 들어가게 되었다"와 같은 식이다. 특징적인 것은 "과 부장의 권유로 MT까지 가게 되었다"는 식으로 누군가와 만나는 에피소드가 자주 등장한다. 선배든 후배든 혹은 동료든 여러 만남의 '기회'가 주어지는 서사가 등장한다.

이런 과정을 거쳐 '전'에 이르게 되면 '더 이상 혼자가 아닌' 상황이 형성된다. 그래서 "즐겁게 MT를 보냈다. 이대로라면 잘할 수 있겠다는 자신감이 다시 그의 마음에서 피어올랐다"와 같은 사례다. 또는 시간이 날 때마다 틈틈이 글을 쓰던 ○○의 모습에 동아리 선배들은 그에게 여러 공모전이 있음을 알려주었다. '전'의 단계에서 핵심은 화해로운 사회적 관계와 본인의 업을 찾는 과정이다. 또한 상당수의 조에서는 '연애' 서사를 포함하기도 한다. 전반적으로 '사회적 관계'의 회복과 발전에 대한 열망이 서사 속에 드러난다.

서사 쓰기 2

(기) 그의 이름은 김삼수. 22세. 그는 ○○대 화학과에 입학한 새내기다. 물론 삼수한. 그는 3년이라는 시간 동안 친구들과 여자친구는 물론, 주변에서 응원했던 사람들까지도 연락이 끊겼다. 그러한 힘든 상황으로 인해 오리엔테이션, 개강 총회 등 단체로 모이게 되는 일들을 자연스레 피하게 되었고, 동아리에도 들지 않는 등 대인 관계를 맺는 일에 어려움을 겪게 되었다.

(승) 그런 그에게도 삼수를 하면서 위로가 되었던 취미가 있었는데, 그는 그의 따분함과 외로움을 휴식 시간에 통기타를 연습하는 것으로 풀었다. 혼자 악기를 연주하는 것에는 한계가 있다는 것을 깨닫고 과 밴드부에 들어가게 되었다. 그곳에서 친해진 과 부장의 권유로 MT까지 가게 되었다.

(전) MT에 가서도 누군가가 말을 걸었을 때 제대로 대답조차 하지 못할까 봐 걱정하던 찰나에, 누군가가 그에게 말을 걸어왔다. 처음에는 머뭇거리며 대답했지만, 물꼬가 트이자 말은 물처럼 흘러나왔다. 그는 스스로 놀랄 정도로 걱정했던 것과 달리 즐겁게 MT를 보냈다. 이대로라면 잘할 수 있겠다는 자신감이 다시 그의 마음에서 피어올랐다.

(결) 그렇게 그는 밴드에 점점 더 녹아들어 갔다. 연주하고 싶은 곡을 제안하고, 같이 연주할 사람들을 모집하고, 축제 때 공연을 성황리에 마쳤다. 그는 더 이상 타인과의 관계를 맺는 것을 두려워하지 않았다.

※ 인물과 사건을 결정한 다음 기승전결로 구성(조별, 2023)
※ 사건: '타인과의 관계 맺기'의 가능성

약속한 것은 아니지만 학습자들은 엇비슷한 이야기를 만들어낸다. 대학 생활을 그린 서사 도입부에서는 대개 '대학에 붙기 위해 힘들게 삶을 견뎠다'는 내용이 중심이다. 특히 고립되고 단절된 삶을 참아냈다는 경험이 반복적으로 등장한다. 이들은 대학에 와서 누군가를 만나게 된다. 그리고 그 만남의 통로는 대개 학회와 동아리다. 본인이 선택하기도 하지만 친구나 선배 등의 권유로 관계가 형성되는 모습이 자주 묘사된다. 이 과정에서 친구와 싸우거나 갈등을 겪기도 하고 한동안 고립된 상태로 지내다가 자신과 잘 맞는 동료를 만나기도 한다. 혹은 우연히 동아리나 심포지움, 혹은 교수 면담에 참여했다가 자신의 '멘토'를 만난다. 대부분의 학습자들은 대학 생활을 처음 경험하는 상태이거나 한 학기 정도 대학을 다닌 상태다. 이들이 가진 불안과 기대, 호기심과 걱정이 씨줄과 날줄처럼 얽히며 하나의 그럴듯한 이야기가 만들어진다. 이 공동 서사Collaborative Narrative, Collective Narrative 속에서 뚜렷하게 드러나는 것은 친구, 동료, 멘토를 만나 삶의 곤경을 극복하면서 자신만의 길을 발견할 것이라는 기대와 희망이다. 이는 2023 – 2024년 대학생들이 공유하는 공통 감각의 매트릭스라고 해도 지나치지 않다.

공동 서사 쓰기:
공동의 삶, 공통 감각 확인

그렇다면 각각의 학습자들은 자신의 삶을 통합적으로 사유하는 서사를 어떻게 채울까? 앞선 서사가 '상상'에 기반으로 공통의 세계를 구성하는 과정에 가까웠다. 그렇다면 실제 대학 생활을 한 학기 정도 경험한 후의 서사는 어떻게 달라질까? 아마 짐작건대 이후의 서사는 '경험'을 바탕으로 개인의 통합된 정체를 확인하고 회복하는 이야기일 것이다(학생 글쓰기 사례 서사 쓰기 1, 2, 3 참조, 68-71쪽).

각자 서사를 작성한 후 한 학기 동안 본인에게 어떤 일이 '사건'이었는지, 그리고 이를 정리해본 소감에 대해 물었다. 그중 한 학생은 '서사' 쓰기에 대해 '제가 이렇게 생각하고 있는지 몰랐어요'라고 말했다. 자신이 미처 인식하지 못했던 '사건'의 의미에 대해 질문받고, 이를 서술하는 과정에서 비로소 자신에게 어떤 일이 일어났는지 짐작하게 된다. 머릿속의 상념과 느낌이 '서사의 관문'을 지나 언어로 정제되는 순간, 예상치 못했던 성찰, 희망, 기대, 좌절 등이 드러난다. 이는 본인이 몰랐던 이야기를 쓴 것이 아니라 의식하지 않았던 것이 정리되면서 하나의 세계가 발견된 것이다. '서사'가 하나의 언어 그물망으로 작동하면서, 기존의 '사유' 바깥에 놓여 있던 느낌과 감각까지 촉발해낸 것이다.[14]

타인을 관찰하는 '묘사' 쓰기

서사 쓰기를 통해 나 자신의 경험을 풀어내는 글쓰기를 경험했다면 이제 타인의 삶을 천천히 관찰하는 묘사 쓰기를 해보자.

관찰은 나와 다른 타인의 삶의 맥락을 에둘러 살펴볼 수 있는 방법이며, 이는 '공감'할 수 있는 근거를 확인하는 과정이기도 하다. 익숙한 풍경에서 벗어나 낯선 풍경과 사건 속에서 인물과 사물의 세세한 디테일을 연결하며 있음직함의 세계를 재현해보자.

한 개인이 보고 느끼는 경험을 구체적으로 표현하는 데 적합한 글쓰기 방식으로 '묘사'를 꼽을 수 있다. 묘사는 대상의 '지배적 인상'을 포착해서 그림을 그리듯 표현하는 글쓰기 방식이다. 서사와 달리 시간적 흐름이 아니라 공간적 질서를 파악한 후 대상의 구성 요소를 배치하는 쓰기 방식이다. 간단히 말해 지배적 인상을 눈에 보이듯이 그려내는 글쓰기라고 할 수 있다. '묘사'는 크게 2가지로 나뉜다. 있는 그대로의 모습을 사실적으로 서술하는 객관적 묘사도 있고, 글쓴이의 감정과 시선이 반영된 주관적 묘사도 있지만 '지배적 인상'(주제)을 포착하는 것은 두 방식 모두 동일하다. 즉, '주제'를 파악한 후 그려낼 대상의 구성 요소를 선택해 풍경을 완성하는 것이다. 참고로 묘사를 설명할 때 흔히 언급하는 '눈에 보이는 대로'라는 말은 이중적인 의미를 지닌다. 말 그대로 시각적으로 보이는 것을 그대로 재현한다는 의미인 동시에 일관된 주제가 '지배적 인상'으로 드러난다는 의미이기도 하다.

우선 수업 시간에 대학 생활의 첫인상을 '장면'과 '공간'으로 나누어서 묘사해보았다. 그러자 학생들은 '열심히 공부하는 것 같아' '다들 바쁜 것 같아' 등 다소 평면적인 방식으로 재현했다. 이를 조금 더 구체적으로 드러내기 위해서 특정 '장면'을 떠올려보라고 하니 '프린트물을 들고 다니며'와 '밤에도 불이 켜져 있어' 등의 구체적 묘사가 등장했다. 추상적인 느낌을 구체적인 정보로 치환한 것이다. 묘사는 사건, 풍경, 인물의 요소 하나하나를 구체적으로 드러내는 과정에서 완성된다. 서사가 '느낌'과 '경험'을 시간 순서대로 배열해 논리를 구성하는 과정이라면 묘사는 공간이나 상황을 분절해서 이미지를 통일시키는 작업이다. 그러므로 묘사는 서사와 다르게 정보를 공간적으로 배치·조직하면서 글쓴이의 '지배적 인상'을 포착해 이를 효과적으로 전달해야 한다. 결국 묘사는 풍경의 지배적 이미지를 재현하는 글쓰기다.

> 묘사는 사건과 대상의 지배적 인상(주제)을 파악해서 눈에 보이는 것처럼 생생하게 드러내는 글쓰기 방식이다. 서사와 달리 공간적 질서가 중요하며, 각각의 구성 요소(세부)를 통일하는 '지배적 인상'을 파악하는 것이 우선이다.

조별로 묘사 쓰기를 같이 진행해보았다. '낯선 타인'을 주제로 해서 조별로 작성했다. 어떤 조에서는 부정의한 문제를 해결하는 대학생의 삶을 서사로 작성한 뒤 해당 서사의 주인공을 묘사 대상으로 선택했다. 또 다른 조에서는 학업과 아르바이트로 지친 친구를 위로하는 서사를 작성한 뒤 힘겨워하는 친구의 모습을 묘사했다. 조원들은 서사를 바탕으로 인물의 지배적 인상을 설정한 뒤 이를 뒷받침할 구체적인 세부 사항을 포착해서 재현했다. 만약 곤경에 처한 한 학생을 묘사하며 '그는 기분이 나빴다'로 서술했다면 그 기분이 얼굴에 어떻게 나타났는지 '상상'하고 '짐작'해보자고 안내했으며 만약 '입이 씰룩거렸다'라고 썼다면 그다음의 '행동'까지 짐작해보자고 안내했다. 예를 들어 '입이 씰룩거렸다. 이내 일어나서 밖으로 나갔다'라고 쓰게 된다면 '기분이 나빴다'라고 단정하기보다 감정이 어떻게 행동으로 이어지는지를 표현하는 것이 더 적절하다. 또 외양 묘사와 행동까지 짐작해서 묘사했다면 그의 감정 상태까지 파악해서 주제가 드러나도록 글을 발전시켜보자. 묘사는 단순히 그림을 그리는 것처럼 기술하는 게 아니라 세밀한 관찰을 통해 생생한 장면을 구축하는 과정이다.

'낯선 타인'을 주제로 한 묘사

사례 1: 부정의한 상황(사이버 뒷담화)에 놓인 피해자

'하지마'는 겉으로는 말할 수 없는 고통을 스스로 삼켜내고 있었다. 모르는 사람이 보면 다른 신입생들처럼 수줍어하고 부끄러움이 많은 것 같아 보일지라도 상황을 알고 나서 '하지마'를 본다면 그는 눈치를 보는 사람 같았다. 누가 자신을 판단하고 있을지 어디서 자신의 이야기가 나오고 있을지 두려워하며 매 수업마다 주변을 두리번거리고 항상 혼자 밥을 먹으러 다닌다. 조별 활동에서도 다른 사람들의 의견에 무조건적으로 동의하면서 자신을 드러내지 않는다.

사례 2: 가정 형편이 좋지 않아 학업과 알바를 병행하는 대학생

하지만 편의점 문에 비친 나의 모습은 청춘을 즐기는 대학생이라고 보기에는 어려웠다. 아무렇게나 묶은 머리, 기름에 전 얼굴, 그리고 갖가지 일에 지쳐 공허한 눈. 신입생 때 받은 학교 로고가 크게 그려진 티는 목이 다 늘어나 내 모습을 더 볼품없게 만든다. 나는 그저 들어오는 사람에게 기계적인 미소로 '안녕하세요'를 반복할 뿐이었다.

사례 3: 동아리 불합격을 비롯해 인간관계에서 수차례 실패를 경험한 대학생

이따금 밖에 나가게 되는 날도 있다. 더 이상 빠지게 되면 낙제를 면할 수 없을 것이 명백한 A 강의에 출석해야만 하는 오늘이 그런 날이다. 가온은 자신의 아늑한 수조를 벗어나기 위해 힘겹게 몸을 일으킨다. 주변 환경에 숨어 들어갈 수 있는 무채색 옷을 고르고, 검은색 모자를 깊게 눌러 써 자신의 존재감이 지워지기를 기도한다. 밖에 잘 나가지 않아 깨끗한 운동화에 발을 대충 구겨 넣고 가온은 학교로 향한다. 학교로 향하는 내내 가온의 눈은 바쁘게 굴러간다. 12시 방향에 여학생 무리 하나, 5시 방향에 남학생 둘, 왼쪽 전방으로 달리는 오토바이 1대…. 가온은 주변을 필사적으로 경계하며 혹여 누군가와 눈이 마주칠까 모자를 다시 눌러쓴다. 검은 모자와 검은 옷을 입은 가온은 도로의 검은 아스팔트에 동화되어 숨는다. 강의실에 들어선 가온은 이미 저들끼리 모여 떠드는 무리들을 또다시 힐끗 훔쳐보고, 황급히 빈 자리에 앉는다. 가온의 검은 티셔츠에는 벌써 땀이 흥건하다.

※ 인물과 상황을 허구적으로 설정한 다음 조별로 작성(2024-2학기)

　사례 1은 '부정의한 상황에 대해 말하는 글을 쓰고 싶다'는 서사를 묘사로 변환해 정리한 것이다. 이 조는 '부정의한 상황'으로 '사이버 뒷담화'를 특정해 서사와 묘사를 상상의 형태로 구성했다. 사례 2는 힘든 조건에 놓인 대학생의 모습을 전형적으로 묘사한 글이다. 특히 "학교 로고가 크게 그려진 티는 목이 다 늘어나"와 같은 문장은 대상의 상태를 구체적으로 포착해 생생한 장면을 만들어냈다. 사례 3에서는 '수차례 실패를 경험한 학생'을 묘사했다. 특히 주목할 것은 지배적 인상을 드러내는 방식이다 "검은 모자와 검은 옷을 입은 가온은 도로의 검은 아스팔트에 동화되어 숨는다"와 같은 문장으로 색깔과 이미지를 연결해서 지배적 인상을 더욱 강조하고 있다. 묘사는 '세밀한 관찰'이 포착해낸 디테일의 힘에 좌우된다.

　장면과 풍경을 공간적으로 분절해서 개별적인 요소를 지배적 인상으로 묶어내는 쓰기 역량은 글쓰기의 기본 역량이다. 이렇게 타인에 대한 묘사를 세밀하게 서술하다 보면 우리 안의 공통 감각과 '공감'을 간접적으로 경험할 수 있다. 서사와 묘사

글쓰기 전개 방법

서사와 묘사 외에도 글쓰기 전개 방법으로 참고할 만한 방식은 다음과 같다.

분류: 특정 기준에 따라 몇 개의 범주로 나누어 정보를 체계적으로 접근하는 방법이다. 예를 들면, "영화 〈기생충〉에 대한 기존 연구는 자본주의 체제의 양극화와 불평등을 드러내는 사회학적 분석과 영화 미장센을 중심으로 한 영화적 분석으로 나뉜다".

정의와 예시: 정의는 개념이나 용어를 명확하게 설명하는 원리이며 예시는 추상적인 개념을 구체적으로 이해할 수 있도록 사례를 제시하는 방법이다. 예를 들면, "'미장센mise en scène은 등장인물의 배치나 역할, 무대 장치 등을 종합적으로 계획하는 것을 의미하는데, 영화 〈기생충〉에서는 수직적으로 나뉜 집의 배치가 이를 보여주는 대표적 사례다".

비교와 대조: 두 대상을 일정한 기준에 따라 비교해 공통점, 차이점을 밝히는 글쓰기 방법이다. 예를 들면, "영화 〈기생충〉에서 상류층 인물은 밝고 환한 이미지로 묘사되는 반면 하류층 인물은 어두운 이미지로 재현된다. 하지만 상류층과 하류층 인물 모두 '집'에 대한 열망을 공유한다".

분석: 주제나 대상을 여러 개의 구성 요소로 나누고, 그 구성 요소 간의 관련성을 설명하는 글쓰기 방법이다. 예를 들면, "영화 〈기생충〉은 수직적 공간 배치를 통해 자본주의 체제의 양극화를 시각적으로 드러낸다. 길거리에서 내려다보이는 반지하 집과 언덕 위로 계단을 올라가야만 들어갈 수 있는 상류층 주택을 비교하며 계층 간 격차의 공간적 상징성을 보다 구체적으로 분석할 수 있다."

는 글쓰기의 기본 기술 방식인 동시에 '자아'와 '타인', '나'의 세계와 '너'의 세계를 드러내는 중요한 도구다. 이는 경험과 관찰을 예리하게 다듬을 수 있는 쓰기 역량을 길러주는 과정이다.

3장

사례 1:
생성의 장으로서의 교실
-함께 읽기

매 학기 독후감 목록을 새롭게 구성하지만 대개 '소설'을 중심으로 선정한다. 이는 시간적·공간적 질서의 흐름 속에서 인물의 내면을 이해하고 인류 공통의 감각을 체화하기 위함이다. 디지털 시대에 '메뚜기 정신'[15]으로 불릴 정도로 짧은 영상에 익숙한 이 학습자들에게 시간적 연쇄의 감각을 강화하기 위한 목적도 있다.[16] '소설'은 맥락과 의미를 동시에 살필 수 있을 뿐만 아니라 다층적 해석이 가능해 학생들 간 의견을 나누기에 적합하다. 또한 여러 인물 간의 관계와 감정을 고루 살펴볼 수 있어 유용하다. '공감' 역량도 키울 수 있을 뿐만 아니라 타인의 관점에서 사유할 수 있는 간접 경험을 가능하게 해서 공통 감각 확대에도 기여한다.

대개 독후감 쓰기 전에 서사, 묘사, 요약, 제목, 단락 등의 개

넘을 익히는 과정을 먼저 진행한다. 기본적으로 서사와 묘사의 기본 원리를 이해한 후 소설을 읽고, 그 소감을 요약하는 방식으로 정리한다. 과거에는 '좋은 책' 선정에 초점을 맞추어 독후감 쓰기를 진행했다면 2023년 이후에는 독후 소감을 나누는 '과정'에 더욱 집중한다.[17] 특히 인물의 독특한 행동과 시대 상황을 미묘하게 포착하기 위해 다양한 의견을 경청하는 것이 중요하다. 문학 작품의 경우 인물의 행위나 심리가 중층적으로 의미를 구성하는 경우가 많기 때문에 서로의 의견을 교차하며 읽는 과정이 필요하다. 표면적으로 '소감'을 나누는 선택적 활동으로 보이지만 지식 생산의 과정에 참여하는 협력 학습의 일환으로, 사회적 협동을 익히고 체화하는 과정이다.[18, 19]

독후감 대상 도서는 주로 '낯선 인물'이 재현되는 여러 국가의 고전을 두루 선택한다.[20] 예를 들어 니콜라이 바실리예비치 고골의 『외투』에서는 주인공 아까끼에게 '외투'가 무엇인지 이해해야 한다. 텍스트 정보를 종합하지 못할 경우 주인공 아까끼의 행동을 이해하기 어렵다. 허먼 멜빌의 『필경사 바틀비』역시 마찬가지다. 변호사 사무실에서 근무하는 바틀비는 '하지 않는 편을 선호합니다'와 같은 모호한 표현으로 변호사의 요구를 거부한다. 이 인물을 이해하기 위해서는 소설의 맥락을 깊이 읽는 것이 필요하다. 작품이 발표된 시대 배경을 탐색하고, 낯선 언어 표현에 대해서도 앞뒤 맥락을 고려하며 의미를 추론

2023-1학기	• 나인(천선란) • 나는 고양이로소이다(나쓰메 소세키) • 물고기는 존재하지 않는다(룰루 밀러) • 아버지의 해방 일지(정지아) • 지구 끝의 온실(김초엽)
2023-2학기	• 난장이가 쏘아 올린 작은 공(조세희) • 소송(프란츠 카프카) • 도리언 그레이의 초상(오스카 와일드) • 아큐정전(루쉰) • 고도를 기다리며(사뮈엘 베케트)
2024년	• 대성당(레이먼드 카버) • 변신(프란츠 카프카) • 아큐정전(루쉰) • 외투(니콜라이 고골) • 자기만의 방(버지니아 울프) • 필경사 바틀비(허먼 멜빌)
2025년	• 권태(이상) • 소문의 벽(이청준) • 소년이 온다(한강) • 하나코는 없다(최윤) • 햄릿(윌리엄 셰익스피어)

▲ 독후감 대상 도서로 서강 필독서에 준하는 '명작'을 선택한다. '명작'과 '고전'을 선택하는 이유는 공통 감각 형성에 마중물이 될 수 있기 때문이다. 다만 '고전'을 읽으며 '교훈'을 익히는 데 집중하기보다 재해석(비판적 읽기)할 수 있는 관점과 맥락을 중요하게 여긴다. '고전'의 힘은 지금-여기에서 고전을 재해석하는 독자의 능동적 읽기에 있다.

해야 한다. 카프카의 『변신』 역시 마찬가지다. 갑자기 하룻밤 사이에 '벌레'로 변한 인물의 내면을 이해하려면 텍스트에 흩어진 정보를 찬찬히 조합해서 의미의 공백을 채워가는 노력이 필요하다.

공감empathy은 주어진 정보를 종합해서 그 인물의 위치에서 사유하는 '상상력'이다. 그에 반해 동정sympathy은 나와 타인의 차이를 고려하지 않으면서 '나'의 입장과 위치에서 '타인'을 이해하는 방식이다. 타인을 '동정'의 관점에서 바라볼 경우 '나도 그런 적이 있었지'로 해석하며 '나'의 맥락에서 타인을 이해할 가능성이 크다. 대개 타인은 '나'가 감히 짐작하기 어려운 삶의 맥락 속에 존재한다. 따라서 자신이 경험한 삶의 질서를 대입해 타인을 손쉽게 읽어내려는 태도를 지양해야 한다. '공감'은 훈련이 필요한 학습 역량이다. 낯선 인물을 이해하기 위해서는 내가 알고 있는 삶의 문법과 리듬, 혹은 질서를 재배치하는 상상력이 필요하다.

독후 소감 조별 모임에서는 이해되지 않는 장면이나 인물의 행위 등을 한 장면씩 꺼내놓고 의견을 교환한 다음(사실적 읽기) 작품의 주제에 대해 의견을 제시한다(비판적·비평적 읽기). 조별로 질문 내용이 약간씩 다른데 어떤 조는 간략하게 문제만 적어놓고 토론을 시작하는 경우도 있고, 또 어떤 조에서는 각자의 질문을 정리해서 발제를 겸한 토론을 진행하는 경우도 있다. 독후 소감을 나눌 때는 각자 1개 이상의 질문을 준비해 오는 것이 좋다.

독후 소감 나누기에서 되도록 지양해야 할 것은 본인이 준비해온 내용에만 집중해 다른 사람의 소감을 듣지 못하는(않는) 태도다. 다른 사람의 생각을 듣고 사유의 확장을 도모하기 위해서 독후 소감 나누기를 하는 만큼 '경청'이 우선되어야 한다 (독후 소감을 말할 때 지켜야 할 원칙은 되도록 한 사람씩 돌아가며 말하는 것, 그리고 앞사람과 의견이 비슷하면 어떤 점에서 의견이 비슷하다고 밝히면서 이야기하는 것 등이다).

사례 1

학생 1: 저는 고등학교 때 책 읽기 모임을 했지만 이번 모임과는 완전히 성격이 달랐어요

교수: 어떤 점에서 달랐나요?

학생 1: 고등학교 때 책 읽기 모임에서 읽었던 책은 수능이나 시험 대비 관련 책이었기 때문에 '답' 같은 게 있었거든요. 그러니까 토론하면서 서로 의견이 크게 다르다는 느낌을 받지는 못했어요. 근데 이번에는 의견이 너무 다르니까 그게 재미있었던 것 같아요.

교수: 다른 학생은 어땠어요?

학생 2: 저는 같은 장면을 놓고 다른 해석을 하는 게 신기했어요.

학생 3: 저는 제가 어떤 장면에 대해 이렇다고 이야기했는데요. 다른 친구가 제 의견에 공감해줘서 좋았어요.

사례 2
학생: 저는 『물고기는 존재하지 않는다』를 읽었는데 어려웠지만 조원들이랑 같이 읽으니 재미있었어요.

교수: 아, 그랬군요. 어떤 점이 어려웠을까요?

학생: 예전에 저라면 저랑 너무 생각이 달라서(제가 별로 좋아하지 않는) 그런 내용이 초반에 나와서 그냥 안 읽었을 거예요.

교수: 어떤 점이 그렇던가요?

학생: 저는 사람들 간의 공정과 평등 이런 것을 중요하게 생각하는데 이 책 앞부분에는 그와 다른 내용이 나와요.

교수: 아, 그렇군요. 그런데 읽고 나니 어땠나요?

학생: 음, 이 사람 같은 조건과 입장이면 그렇게 생각할 수 있다고 생각했어요. 직업의 특수성 같은 게 있더라고요. 그리고 저와 다른 입장으로 해석한 조원들 생각이 도움이 되었어요.

교수: 본인에게 색다른 경험이었겠네요.

학생: 네, 제가 가지고 있었던 생각과는 다른 의견을 끝까지 들을 수 있는 시간이었어요.

사례 3

학생: 저는 독후 소감 이야기할 때 약간 답답했어요.

교수: 어떤 점이 그랬나요?

학생: 저희 조는 『필경사 바틀비』를 읽었는데요, 어떻게 읽어도 답이 안 나와요. 저는 책 읽을 때 주로 구조적으로 읽는데 『필경사 바틀비』는 어떻게 읽어도 안 읽혀요. 답이 안 나와요.

교수: 지금은 어떤가요?

학생: 그런데 독후 소감을 마친 지금 깨달은 게 있어요. '정답'을 의식하는 방식으로는 『필경사 바틀비』가 안 읽힌다는 거예요. 제 독법이 해체되는 느낌이 들었어요.

※ 독후 소감 나누기에 대한 학습자의 소감(2024−1학기)[21]

조 토론을 일찍 마친 조원들에게 독후 소감을 나눈 경험에 대해 물었다. 대부분의 학생들은 이러한 독후 소감 나누기 활동을 해본 적이 없다고 답했다. 중고등학교 때 독서회 활동을 한 경험이 많지 않았고 비슷한 활동을 한 경우에도 '느낌'이 달랐다고 했다. 이렇게 누군가와 책을 읽고 소감을 나눈 경험이 없다고 했다. 그래서 혹시 영화나 다른 영상 본 다음에도 비슷한 대화를 나눈 것이 있는 물었더니 '영화' 본 다음 소감을 나누기도 하지만 '괜찮았지?' 정도의 감상 정도였다고 답했다. 지금처럼 이해되지 않은 장면에 대해 하나하나 물어가며 퍼즐을 짜 맞추듯이 소감을 나눈 경험이 없다고 했다.

한 학생은 '정답'을 의식하지 않는 토론이어서 흥미로웠다고 했다. 다른 학생도 비슷한 소감을 전하며 같은 장면을 놓고 완전히 다른 해석이 나오는 것이 신기했다고 했다. '정답'을 찾으려는 부담이 없었기 때문에 조원들 의견에서 약간씩의 힌트를 얻어가며 소설의 의미를 구성할 수 있었던 것이다. 또 한 학생은 『필경사 바틀비』를 토론하면서 기존 독법으로 읽히지 않아 답답함을 느꼈다고 말했다. 하지만 곰곰이 생각해보니 자신이 '정답'을 너무 빨리 찾으려 했기 때문에 텍스트가 제대로 읽히지 않았던 것 같다고 덧붙였다.

요컨대 독후 소감을 나누는 자리에서 중요한 것은 본인의 생각과 다른 의견에 '흥미'와 '재미'를 발견하는 능력이다. 이러한 태도가 있어야 '협업'이 가능해진다. 한 학생은 토론 후 다음과 같은 소감을 남겼다. "저는 이 소설의 주제가 약간은 뻔하다고 생각했어요. 그래서 이러이러한 이야기를 하겠지라고 짐작하고 왔거든요. 그런데 조원들이 전혀 다른 이야기를 하는데 그게 재미있었어요"라고 하거나 "와, 어떻게 이렇게 생각하지. 약간 기발하다고 생각했어요"라고 말했다. 이와 같은 경험이 중요한 이유는 타인의 말과 글을 읽고 들을 수 있는 태도와 연결되기 때문이다. 누군가 정말 '기발한' 이야기를 했을 가능성도 있지만 실은 그 학생이 잘 경청한 것이기 때문이다.

4장

사례 2:
깊이 읽기의 어려움
-독후감 평가

디지털 매체를 통해 많은 정보를 소비하는 환경에서 '깊이 읽기'는 생각만큼 쉽지 않다. 특히 낯선 타인의 내면을 짐작하며 읽는 것은 별도의 훈련이 필요하다. 공감은 깊이 읽기의 일차적 방법으로 '관점의 이동'을 통해 연습할 수 있다.[22] 2024년 2학기 독후감의 주제는 '낯선 인물을 읽을 수 있는가(공감)'였다. 이러한 주제는 '관점'과 '위치'를 바꾸어 '타자'에게 공감하는 읽기를 반복적으로 시도해야 한다.

예를 들어 두 인물의 시점이 교차된 작품을 읽으면서 "이 장면은 누구의 시선에서 서술되었는가"를 자문하며 입장을 바꾸어 생각해보는 연습이 필요하다. 이를 연습할 수 있는 작품으로 은희경의 『타인에게 말걸기』, 한강의 『채식주의자』, 에쿠니 가오리와 츠지 히토나리의 『냉정과 열정 사이』를 활용할 수 있다. '공감'은 타인의 입장에서 생각해보는 상상력이지만 타인의 입장이 되는 것은 생각만큼 쉽지 않다. 타인을 이해하기 위한 상상력이 작동하기 위해서는 먼저 인물과 사건 전후의 관계와 맥락을 논리적으로 읽어야 한다. 즉, 소설 읽기에서 '공감'은 타인의 입장에서 생각하는 것을 넘어, 사건의 전후를 이해하는 상상력이자 시간적 연쇄 속에서 인물의 변화를 짐작하는 추론 능력이다.

　그런데 최근 독후감에서는 낯선 인물의 '낯선' 행위를 '공감'이 아니라 '동정'이나 '유추'로 해석하는 사례가 자주 나타나고 있다. 예를 들어 프란츠 카프카의 『변신』을 읽은 후 그레고르를 '히키코모리'와 유사하다고 추론하는 경우다. 고전의 한 장면을 통해 현재적 의미를 파악하려는 태도는 긍정적이다. 특히 '방 안에 스스로 유폐되는 상황'에 주목해 현대적 인물 유형으로 해석하는 방식은 흥미롭다. 그러나 그레고르를 현대의 '히키코모리'로 단순히 동일시하기 전에, 먼저 그가 처한 상황을 면밀히 분석할 필요가 있다. 인물이 어떤 상황에 놓여 있는지, 텍스트의 질서 안에서 먼저 생각해보자. "그는 왜 벌레가 되었는가" "그리고 왜 집인가" 등 텍스트 안의 정보를 읽으면서 '변신'의 의미에 대해 생각해보자. 이렇게 정리한 이후에도 '변신'의 의미 속에 '은둔'이 함의되어 있다면 그때 '히키코모리'를 이야기하는 것이 더 적절하다. 그레고르의 '변신'을 히키코모리의 '은

둔' 정도와 동일시할 경우 그레고르의 독특한 내면을 오독할 위험이 있다. 자의적 해석과 창의적 해석은 한 끝 차이다. 있는 그대로 읽은 다음, 또 다른 해석의 가능성을 제기해보자.

또 다른 예로 『외투』를 읽은 한 학생이 주인공 아까끼의 욕망을 단순한 물질적 집착으로 해석하는 경우가 그렇다. 『외투』에서 '외투'는 단순한 물질적 소유가 아니라 혹독한 겨울을 이겨내기 위한 최소한의 생존 수단이다. 주인공 아까끼는 여러 벌의 외투를 가지고 있는 게 아니라 외투 한 벌을 겨우 마련했을 뿐이다. 이런 '외투'를 놓고 '물질적 욕망'으로 비판하기 전에 여러 맥락을 함께 고려해야 한다. 하급 관리인 아까끼가 생활비를 아껴가며 추운 겨울을 이겨내기 위해 '외투'를 사고 싶어했다는 점, 최소한의 '외투'를 걸쳤을 때 사람다운 사람으로 대접받는 느낌을 받았다는 점 등 '외투'가 추운 겨울을 이겨낼 수 있는 삶의 조건이자 인간 존엄을 유지하는 최소한의 요소로 '외투'가 의미화되는 과정 등을 세밀히 읽어보자. 현대의 물신적 소비 문화가 문제적이기는 하지만 아까끼 '외투'를 인물이 처한 맥락에서 읽어보는 것이 필요하다.

깊이 읽기의 어려움(사례)

사례 1 『외투』는 니콜라이 고골이 1842년에 발표한 단편소설로 물질주의와 권위주의가 만연했던 당시 러시아의 시대상을 날카롭게 비판하는 작품이다. 러시아 소설가 도스토옙스키는 "우리 모두는 고골의 『외투』에서 나왔다"라고 말했을 정도로 러시아 문학사에서 『외투』는 가장 중요한 작품 중 하나로 평가된다. 해당 작품 속 주인공인 아까끼 아까끼예비치는 새 외투를 장만하면서 극적인 심리 변화를 보여준다.

누더기처럼 해진 외투를 입는 것에 익숙했던 그가 새로운 고급 외투를 장만하면서 물질에 대해 집착하며 타인을 경계하게 된다. 이 작품은 '물적 욕망'으로 살펴보려는 이유다. 인물은 고급 외투를 새로 장만한 후 주인공에게 생겨난 심적 동요와 주변인들의 달라진 관심을 보며, 물질이 사회와 사회를 구성하고 있는 개인들에게 끼치는 영향에 대해 생각해보게 되었다.

사례 2 많은 이들은 이 작품을 보며 바틀비에 이입해 화자라는 상사에게 저항하는 용기가 멋있다고, 부럽다고 말하며 자본주의의 냉혹함을 꼬집는 작품이라 해석한다. 하지만 다시 곱씹어 읽어보니 화자는 바틀비에게 할 수 있는 최선을 다했다. 바틀비가 저항을 하고 싶었다면 본인에게 자본주의의 냉혹함을 알게 해준 전 직장 상사에게 했어야 하거나 아님 마음 맞는 사람끼리 시위를 벌였어야 했다. 바틀비가 뭘 원하는지 알 수가 없다. 자유? 투쟁? 그저 반대를 위한 반대인 것인가? 화자가 어디까지 배려를 했어야 하는 것인가? 이미 바틀비 말고도 함께해온 3명의 직원들이 있는데 그자들의 불편함은 무시하고 바틀비의 편의를 계속 봐주는 게 자본주의의 따뜻함인가?

사례 3 『아큐정전』은 일반적으로 '아큐'로 표상되는 우매한 중국 민중과 당시 혁명으로 혼란스러웠던 중국을 풍자하는 작품이라고 평가받지만, 나는 작품을 읽고 조금 다른 생각이 들었다. '아큐'가 '정신 승리'하는 것이 우매하고 어리석은 것이라기보다는 하나의 갈등 해결 수단이라는 생각이 들었다. '아큐'에게 일어난 여러 사건들은 그 시대에만 일어날 수 있는 특별한 갈등이 아니라 현대에 살고 있는 우리에게도 충분히 일어날 수 있는 것들이다. 그렇기에 갈등을 어떻게 해결하는지 매우 중요하다고 생각하는데, '정신 승리'는 우리에게 꼭 필요한 해결 수단인 것 같다. 이상적으로 모든 문제를 완벽하게 해결하는 것은 불가능하기 때문이다. 또한 그러한 '아큐'를 풍자했지만 나는 그가 사회적 약자라는 생각이 들었다. 현대에도 사회적 약자들과 신분 상승을 막고 조롱하는 것과 같은 암묵적 폭력은 존재한다. 특히 이 작품의 혁명 편승 거부 장면과 마지막 처형 장면이 매우 잘 드러냈다고 생각한다. 이 작품을 읽고 '정신 승리'에 대해 재평가하고 사회적 약자들에 대한 공감과 연민의 태도를 얻게 된 것 같다.

※ 2024-2학기 독후감 사례를 근거로 재구성[23]

두 번째 인용문은 멜빌의 소설 『필경사 바틀비』에 대한 독후감이다. 2024년도 들어 '바틀비' 해석에서 이와 유사한 경향이 나타나고 있다. 문학 작품 안으로 들어가 바틀비를 둘러싼 환경과 시대적 맥락을 조심스럽게 살펴보며 일종의 '불가해한' 인물의 행동을 추론해야 하는데, 몇몇 독후감에서는 이 '불가해'의 기호를 부정적으로 해석한다. 바틀비를 둘러싼 세계의 기호를 상상하고 짐작하고 추론하기 전에 이해되지 않은 인물을 부정적이라고 단정짓는 것이다. 예를 들어 '바틀비'는 손글

씨로 글을 적는 필경사인데, 사무실에서 반복적으로 "나는 하지 않는 편을 선택하겠습니다"라고 말한다. 표면적으로 보면 바틀비가 변호사의 요구를 거부하는 것으로 보이기 때문에 부정적으로 읽힐 수 있지만 어떤 판단을 내리기 전에 우선 작품을 끝까지 읽어보자. 이 낯선, 불가해의 느낌을 독자는 어떻게 해석해야 할까. 그의 입장에서 다시 생각해보는 깊이 읽기를 반복적으로 수행해보자. 만약 이렇게 반복해도 잘 이해되지 않는다면 바틀비가 쉽게 '이해'되지 않는 인물이라는 사실을 있는 그대로 드러내보자. 중요한 것은 그를 완벽하게 이해하는 것이 아니라 바틀비를 제대로 만나는 것이 우선이기 때문이다. 바틀비라는 인물이 낯설다면 그가 왜 낯선지 질문하자. 인물을 완벽하게 '정답'처럼 이해하지 않아도 된다.

세 번째 인용문은 아큐를 '약자'이자 '정신 승리'한 인물로 규정하는데, 이러한 해석이 틀리지는 않지만 그렇다고 적절하지도 않다. 아큐가 '약자'라는 사실 판단은 가능하고, '정신 승리'한 인물이라는 점도 분명하다. 하지만 이 학습자는 '약자의 정신 승리'가 필요하다고 성급하게 결론을 내린다. 『아큐정전』은 약자의 정신 승리를 재현 소설이지만 이때 '정신 승리'는 현실을 왜곡하거나 외면하는 기제다. 소설의 시대적 배경을 찾아보면서 '아큐'가 어떤 기호인지 고찰해보았다면 아큐를 조금 더 입체적으로 이해할 수 있었을 것이다. 혹은 아큐를 '동정'과 '연민'의 대상으로 삼기 전에 아큐가 이웃들에게 하는 행동을 면밀히 살펴보았다면 인물을 합리화하기 전에 객관적 판단을 해볼 수 있었을 것이다.

위의 사례는 '공감'의 어려움을 보여준다. 『외투』의 아까끼를 이해하기 위해서는 그가 처한 상태를 찬찬히 되짚어 읽어야 하며, 『필경사 바틀비』에서 바틀비가 말하는 '선호'의 언어를 이해하기 위해서는 이 말이 그 세계 속에서 용인될 수 없는 언어라는 사실을 알아야 한다. 그가 낯선 말을 하고 있다는 사실을 읽어야 하는 것이다. 또한 『아큐정전』의 아큐를 이해하기 위해서는 '정신 승리'가 어떻게 현실 인식을 왜곡하는 기제인지 읽어야 한다. 하지만 위 독후감에서는 각 인물이 놓인 맥락 속에 깊이 들어가기 전에 자신이 놓여 있는 현실 원리를 바탕으로 100년 전 인물을 판단한다. 그 결과 아까끼의 '외투'를 단순한 '물질'로 해석하고, 바틀비를 무리한 요구를 하는 인물로 평가하며, 아큐를 정신 승리가 '필요한' 사회적 약자로 이해하게 된다.

나와 다른 세계 속에서 살아가는 인물을 이해하기 위해서는 그의 삶을 찬찬히 살피며 그의 말과 행동을 세심하게 들여다보아야 한다. 공감은 '타인'의 삶의 맥락에서 그의 삶을 이해하는 상상력이다. 이를 위해 읽기 속도를 늦추고 인물이 놓인 삶의 맥락 하나하나를 조심스럽게 읽고 추론하는 연습이 필요하다.

다음은 한 개인의 경험과 관찰을 바탕으로 작성한 서사 쓰기다. 이 글쓰기는 '나'의 사건을 중심으로 그 전후 의미를 인과적으로 탐색하는 과정을 통해 통합된 자아상을 발견하는 데 의의를 둔다(4단락 쓰기, 교실, 40분 내외, 2024-1학기)..

사례 1: '따스운' 밥통

12년간의 입시를 마치고 대학생이 되었다. 꿈꾸던 대학교에 진학하게 되었고 원하던 자취 생활도 하면서 나는 엄청난 자유를 얻었다. 고등학교 다닐 때도 기숙사 생활을 했었던지라 자취 생활에 큰 어려움이 없었다. 부모님의 간섭, 동생의 장난으로부터 독립하며 자유를 얻었다고 생각했다.

자취를 시작하고 한 달 뒤 오랜만에 본가에 내려갔다. 집에 있는 체중계 위로 올라가 몸무게를 재보니 5킬로그램이 빠져 있었다. 지난 5년 동안 변하지 않던 나의 몸무게가 변했다. 지난 한 달 동안 나의 자취 생활을 되돌아보니 아침을 거르는 것은 거의 당연하고, 끼니도 밖에서 사서 먹다 보니 변변치 않은 것들을 많이 먹었다는 것을 깨달았다. 또한 나의 생활 습관이 엉망이 되었다는 것도 실감할 수 있었다. 실제로 늦잠을 자다 수업에 빠진 적도 꽤 있었고 매일 아침에 일어날 때 힘들기도 했다. 나는 자유를 누리는 것이 아니라 자유에 집어삼켜지고 있었다.

다시 자취방으로 올라와 학교를 다니던 나날, 오랜만에 할아버지께 연락이 왔다. 서울에 들를 일이 있으셔서 같이 밥 한 끼 먹자는 연락이었다.

그렇게 토요일 아침에 할아버지, 할머니를 모시고 가격이 있지만 괜찮은 한식집에 갔다. 나도 원래는 생활비를 아끼기 위해 가성비 음식점 위주로 다니다가 자취 이후 거의 처음으로 제대로 된 음식을 먹었던 것 같다. 할아버지께서 음식과 생활 습관의 중요성에 대해 말씀해주셨다. 그동안 부모님과 살면서 당연하다고 느꼈던 것들이 당연한 것이 아니라 시간과 노력이 깃들어 있는 나를 지탱해준 소중한 것이었다는 것을 다시금 실감할 수 있었다. 이 만남은 자유 속에 침식되어 무기력한 날들을 보내던 나에게 큰 힘이 되었다.

할아버지, 할머니와의 만남 이후 몇 주 뒤, 집 앞에 택배가 하나 도착했다. 꽤 큰 사이즈의 박스였고 무게가 꽤 나갔다. 책상 위에 올려놓고 상자를 열어보니 밥통이었다. 할아버지께서 나와의 만남 이후 부모님과 이야기를 나눈 산물이었다. 평소 집에 있었더라면 눈에 보이지도 않았을 밥통이 그날따라 따스워 보였다.

―윤기완(아트&테크놀로지1)

사례 2: 나만의 응급 처치

길었던 입시가 끝나고 내게 남은 건 그리 희망찬 것들이 아니었다. 원하는 대학교에 와서 성취감은 있었지만 너무 힘들었던 고등학교 시절 기억이 트라우마로 남아 있었다. 나는 그 여파로 사람에 대한 불신과 관계에 대한 비관이 극에 달했다. 그래서 사람과의 접촉을 꺼렸고 동아리도 행사도 다 무시한 채 방 안에만 처박혀 있었다.

보다 못한 엄마가 학교에서 열리는 모든 행사에 참여하라고 권했고 그러기로 약속했다. 밖에 나가기 싫었지만 내심 이대로 있으면 인간관계가 정말 암울할 것 같아 마지못해 나가기로 했다. 거기서 친구 2명을 사귀었다. 지방에서 상경한 친구들이어서 공통점도 있었고 말도 얼추 잘 맞았다. 그렇지만 문제가 해결된 건 아니었다. 과거의 상처와 트라우마가

'감기'처럼 자주 나에게 찾아왔다. 설상가상으로 히키코모리 생활로 인한 사회성 결여로 친구를 서운하게 만들기도 했다. 이를 개선하고자 나름의 해결 방안을 찾아보기로 했다.

주변에 사람이 많이 없었으므로 먼저 책에서부터 해답을 찾았다. 인간관계에 대한 글을 읽어보고 이를 내 상황에 대입해 나의 말투와 행동의 지침서로 삼았다. 또한 기숙사 룸메이트들과 대화하면서 여러 유형의 사람들을 이해하고 공감하려 노력했다. 하지만 그 길이 순탄하지만은 않았다. 성찰의 과정에서 어쩔 수 없이 과거의 안 좋은 기억도 끄집어내야 했는데 그들을 이해하려는 노력 속에서 계속 상처 입었다. 그래서 나는 그냥 이해할 수 없는 사람들은 이해하지 않기로 했다. 트라우마와 상처에서 벗어나기 위한 나만의 응급 처치(?)라고 해야 할 것 같다. 이 방법이 독선과 오만을 가져올 수도 있지만, 응급 처치란 말 그대로 '지금'의 '나'를 지키기 위한 하나의 대책이다.

이렇게 반창고 붙여놨더니 상처가 아물기 시작하는 것처럼 서서히 회복되고 있다. 완전히 아물지는 않았지만, 예전보다는 사람 앞에서 말하는 게 힘들지 않고 관계 속에서 상처도 덜 받으며 과거의 상처에만 머물러 있지도 않는다. 점점 단단해져가는 것 같아 기분이 좋다.

－정리나(아트&테크놀로지1)

사례 3: 갈등을 피하지 않고

요즘 들어 다양한 사람들에 대해 생각하기가 어려워졌다. 수업 시간에도 정치와 사회 이슈와 관련된 이야기는 민감한 주제로 간주되어 피상적으로만 다루어진다. 모두가 갈등을 피하고 싶어 하기 때문이다. 하지만 내가 수업을 듣고, 밥을 먹고, 일을 하고, 이동을 하며 일상을 살아가는 동안, 어딘가에서는 누군가가 죽음을 맞이한다. 나이가 되어 자연스럽게 세상을 떠나는 경우도 있고, 불의의 사고를 당한 경우도 있다.

나에게는 나를 둘러싸고 있는 '사람들' 이야기가 중요하다. 그들이 어디서 왔고 어디로 가는지, 즉 어디서 태어나 어떤 삶을 살다가 어떻게 죽는지가 나에게는 큰 의미를 갖는다. 아직 경험해보지 못했지만 나의 가족의 죽음은 물론 내가 즐겨보던 시트콤의 주연이 사고로 세상을 떠났다는 이야기나, 가장 사랑하는 친구의 오빠가 물살에 휩쓸려 목숨을 잃고 그 이름이 몇 달간 온갖 뉴스 너머 길거리 현수막에 내걸렸을 때도 마찬가지다.

최근 내가 좋아하는 배우 중 한 명인 조현철 배우는 "이들이 분명히 죽은 뒤에도 여기 있다고 믿는다"라고 했다. 그의 수상 소감은 故 김용균 군, 故 변희수 하사, 故 이경택 군, 故 박길례 선생님, 그리고 세월호의 아이들을 언급하며 이어졌다. 모두 사회가 지키지 못한 이름들이다. 그의 말속에서 삶과 죽음은 분절된 세계로 존재하지 않았다. '누군가가 죽었다, 그래서 어떻게 할 것이냐' '누가 책임을 져야 하는가' '왜 누구의 죽음은 가치가 있고, 또 다른 누군가는 죽어도 되는 것일까'. 사회는 자신과 관련이 없다는 이유로 누군가의 죽음을 가볍게 다루고 그들이 분명 존재했다는 사실을 자주 망각하는 듯하다. 갈등을 피하고 싶어서, 피곤하다는 이유로 그들의 존재를 회피한다.

누군가가 왜 죽음에 대해 이야기하느냐고 묻는다면 두려움이나 연민 때문이 아니라 그들을 이야기할 때 나는 너가 되고, 너는 우리가 될 수 있다고 생각하기 때문이라고 답할 것이다. 그러한 생각이 나를 온전하게 만들어준다. 나 혼자 살아가는 삶이 아니다. 그리고 가까운 죽음에도, 먼 사회의 죽음에도 똑같이 적용시킬 수 있도록 나는 오래 고민하고 오래 이야기하고 싶다.

— 김현진 (미디어&엔터테인먼트2)

3부

어떻게
읽을 것인가

5장

읽기 환경의 변화와
독자 되기

사람들은 매일 수많은 '언어 정보'를 접한다. 스마트폰에서 문자를 확인하고, 표지판을 보고, 모니터에 뜬 자막을 해석한다. 스크롤 방식으로 읽기도 하고, 페이지를 넘기며 읽기도 한다. 누군가는 스크롤 방식이 익숙하고 또 누군가는 종이책을 선호한다. 이에 따라 특정 방식이 조금 더 익숙하게 느껴질 수 있다.

예전에 비해 정보와 지식을 습득하는 통로가 달라졌지만 '읽는' 활동이 줄어든 것은 아니다. 오히려 더 많은 사람들이 더 많은 정보에 노출되어 있다고 볼 수 있다. 다만 '책'을 접하고 읽는 시간이 줄어들었다. 한국은 전 세계에서 비독자 비율이 가장 높은 나라에 속한다.[1] 책을 읽지 않을 뿐 읽는 행위 자체가 없는 것은 아니다. 오히려 디지털 기기를 통해 읽고, 즐기고,

감화되는 '독서' 경험이 그전에 비해 증가했다. 학습자 역시 'E-Book'의 형태로 '책'의 물성을 대신하거나 태블릿을 활용해 PDF 자료를 확인하며 학습한다. 디지털 기기 사용이 학습 경험에 미치는 긍정적·부정적 영향에 대한 논의가 지속되고 있지만, 편의성과 효율성의 측면에서 '책'의 가치를 앞지르는 것이 사실이다. 학습자의 학습 환경과 학습 동기를 고려해 '디지털 자료' 활용을 적절히 조정하되 디지털 리터러시를 학습해야 하는 이유다.

우선 책과 문헌을 읽는 것은 단어와 단어 사이의 호흡과 리듬과 질서가 새겨지는 과정을 추체험하는 일이다. 단어와 행간, 단락과 단락이 이어지면서 의미가 발생하는데, 이 의미는 때로 작가의 메시지로 힘차게 드러나기도 하고, 때로는 단어 사이의 공백을 채우는 독자의 상상을 통해 완성되기도 한다.

읽기 자료의 범위와 다중 리터러시

- 언어 텍스트 읽기: 인문, 사회, 과학, 기술, 환경 등 다양한 읽기 자료 읽기
- 미디어 텍스트 읽기: 미디어 콘텐츠 읽기
- 디지털 정보 읽기: 디지털 학술 정보 탐색
- 생성형 AI 결과 읽기: 생성형 AI 프롬프트 작성
- 비언어적 표현 읽기: 토의, 토론, 발표, 면담, 튜터링

읽기는 작가와 독자의 만남이다. 이 만남 속에서 때로는 작가의 메시지를 사실적으로 읽기도 하고, 또 때로는 적극적으로 개입해 그 의미를 비판적으로 검토하기도 한다.

언어 텍스트 읽기

책을 읽는 것은 '무신경하게' '한가로이 거니는 일'이 아니라 말과 말의 관계를 익히는 것이다. 파울로 프레이리는 "책을 읽는 것은 단어들 주변에서 무신경하고 나태하게 한가로이 거니는 일이 아니다. 책을 읽는 것은 언어 텍스트 속의 말들의 관계를 배우는 것"이라고 말한 바 있다.[2] 좋은 글을 쓰기 위해서는 말들의 관계가 잘 조직된 좋은 글을 찾아 읽는 것이 중요하다. 다독多讀, 다문多聞, 다상량多商量은 글쓰기를 위한 기본 전제다. 하지만 '순간 접속' 시대에 '한가로이' 읽는 일은 생각만큼 쉽지 않다. 더욱이 말과 말의 관계와 질서를 감각하기 위해 텍스트 안으로 깊이 침잠하는 일은 더욱 어렵다. 좋은 글을 읽고, 깊이 사고하며, 이를 바탕으로 글을 쓰는 과정은 단순한 정보 소비를 넘어 사고를 확장하고 논리를 조직하는 훈련이 된다. 따라서 좋은 글을 쓰기 위해서는 우선 좋은 글을 읽는 습관을 기르고 텍스트의 구조와 의미를 비판적으로 분석하는 연습이 필요하다.

우선 학습자의 내적 동기를 촉발할 수 있는 읽기 자료를 선정하는 것이 중요하다. 읽기 자료를 선정할 때 융합적 가치와 다양성 가치를 중점적으로 고려하지만 최근에는 문학 자료를 적극적으로 활용하고 있으며 학습자의 회복적 읽기에 도움이 되는 자료인지도 함께 염두에 둔다. 문학(소설) 자료는 학생들의 공감 능력을 향상시키는 동시에 말과 말의 관계에 조금 더 섬세하게 반응하도록 도와준다. 아울러 삶과 지식을 연결하는 내적 동기를 촉진해 학습자가 쓰기 주체로 나아가는 데 중요한 역할을 한다.

읽기 자료 선정 기준

① 융합적 시선, 가치, 내용이 담긴 글인가
② 다양성의 가치가 반영되어 있는가
③ 문해력 향상의 도움이 될 만한 장르 간 차이가 고려되었는가
④ 학습자의 회복적 읽기를 촉발할 수 있는 자료인가

한 학기 수업을 위해 '읽기 자료'를 준비할 때 글쓰기의 내적 동기를 자극할 수 있는 자료로 선정하며, '학습' 목적과 '참고' 목적을 두루 고려한다. 한 학기 읽기 자료를 선정하는 과정은

농부들이 한 해 농사를 준비하며 씨앗을 고르는 것과 비슷하다. 매 학기 읽기 자료를 선정하는 일에 공을 들이는 것은 그 때문이다. 학기마다 소주제를 정해서 텍스트를 선정하는데 2024년 1학기의 경우 '나, 너, 세계'에 집중해서 인문사회 경험을 해석할 수 있는 시선을 배양하는 데 초점을 맞추었다. 이는 '나'에 대한 이해를 돕고, '타인'을 살필 수 있는 시선을 갖추며, '세계'를 확장해 성찰할 수 있는 비전을 형성하는 과정이다. 매 학기 조금씩 다른 주제로 읽기 자료를 선정하지만 2024년 1학기에는 학생들이 직접 투표해 읽기 자료를 조율했으며 '연애' '사랑' '우정'과 관련한 텍스트를 추가했다. 또한 '(비문학) 고전'의 비율을 약간 낮추는 대신 당대의 인문사회 현상을 해석한 글을 읽으며 자신을 둘러싼 삶의 맥락을 읽을 수 있는 시선을 기르는 데 중점을 두었다.

대개 한 차시에 하나의 텍스트를 읽는다. 주로 논문이나 단행본의 일부를 발췌해 읽고 요약하면서 내용과 읽기 방법을 점검하는 과정을 거친다. 읽기 자료 선정에서는 한국 자료와 외국 고전, 논문과 소설 등을 복합적으로 안배하며, 여러 학문 분야를 교차시켜 읽을 수 있도록 선별한다. 예를 들어 『공부 중독』은 사회학자와 정신분석학자가 대학생들의 '공부'에 대한 각자의 생각을 교차적으로 해석하기에 적합하다. 『아픔이 길이 되려면』은 의학(보건학)과 사회학을 결합한 학문적 접근을 소개하는 것이 특징적이다. 또한 『서울은 어떻게 작동하는가』는 사회학적 관점에서 다양한 경제 현상을 분석하며, 『세습 중산층 사회』는 다양한 자료와 통계를 통해 설명과 분석을 전개하므로 학습자가 자료 탐색의 수준을 익히기에 적절하다. 한편 『선량한 차별주의자』는 '(혐오) 언어' 표현을 다양한 위치와 각도에서 살펴볼 수 있어 비판적 읽기의 사례로 활용된다. 『채식주의자』처럼 시점의 역학이 소설의 주제와 연결되는 작품의 경우, '누구의 시선'으로 재현되었는지를 질문하는 텍스트로 적절하다. 읽기 자료는 매 학기 주제 선정에 따라 달라지며, 고전과 최신 자료를 균형 있게 안배해 선정한다.

사실 좋은 글을 많이 읽지 않은 채 '읽기 훈련'을 하는 것은 무의미하다. 하지만 그 반대의 경우는 가능하다. 다양한 종류의 좋은 글을 많이 읽었다면 별도의 '읽기 훈련'이 필요 없을 수도 있다. 좋은 글을 지속적으로 접하면서 여러 분야의 개념을 자연스럽게 익혔을 경우, 의견과 사실을 구별하는 능력이 체화되었을 가능성이 크기 때문이다. 좋은 글을 쓰기 위해서는 좋은 글을 읽어야 한다. 읽은 만큼 좋은 글을 쓸 수 있다는 원칙은 분명하다. 따라서 타인의 글을 읽고 이해하며 이를 바탕으로 자신만의 생각을 만들어가는 연습을 반복적으로 수행하는 것이 중요하다.

학생들이 읽기 자료를 사전에 읽어오거나 혹은 수업 중에 중

- 다양한 학문 분야, 융복합적 읽기
- 한국 자료와 (외국) 고전 교차 읽기
- 문학/비문학 자료 동시에 읽기

심 단락을 읽은 다음 '소감'을 묻는 과정을 거친다. 하지만 학생들에게 '소감'을 질문하며 "소감이 뭐예요? 제 의견을 밝히면 되나요?"라고 되묻거나 아니면 "재미있었어요"처럼 짧게 답해버리는 경우가 많다. 소감은 단순한 감상이 아니라 소설의 가주제를 본인의 느낌과 생각으로 표현하는 것이라고 생각하는 것이 적절하다. 이때 '느낌'은 앞서 언급한 것처럼 '생각으로 표현된 느낌'에 가깝다. 읽기 자료를 읽은 후 '소감'으로 '의견'을 묻는 이유는 학습자의 '체화된 경험'을 강조하기 위해서다. 읽기 과정에서 본인의 느낌과 생각을 표현하는 것은 향후 텍스트를 이해하는 밑거름이 된다. 따라서 읽기 자료를 읽은 다음 '소감'을 떠올려보고 이를 논리적으로 정리해보자. 다음은 『채식주의자』를 읽은 후 댓글 형식으로 작성한 소감의 예시다.

사례 1 남편인 화자의 시선에서, 달라진 영혜의 모습은 이해할 수 없는 것투성이다. 이상한 꿈 하나 때문에 집 안에서는 고기의 흔적도 지워졌고, 회사 임원들과의 식사 자리에서 브래지어를 입지 않거나 고기는 입에 대지도 않는 등 영혜는 난처하고 불편한 상황만을 불러일으키는 것처럼 보인다. 하지만 나는 영혜가 채식주의를 시작한 것은 이상하게 변해버린 것이 아니라 그동안 폭력 앞에서 침묵하고 있던 그녀가 입을 뗀 것이라 생각한다. 과거에는 잔혹하게 죽어버린 흰둥이를 목격했음에도 영혜는 아무렇지 않다고 생각한다. 그랬던 그녀는 꿈을 통해 그 당시 자신이 괜찮았던 게 아님을, 그저 폭력 앞에 무력했음을 느꼈으리라 생각한다. 이후 고기를 먹지 않자 뺨을 때리고 억지로 음식을 입에 넣는 등의 폭력에도 영혜는 고기로 가시화되는 폭력을 거부한다. 자신을 둘러싼 여러 폭력을 직접 대면하기 시작한 영혜를 화자가 이해하지 못했던 건, 결국 그 폭력에 무감각했기 때문이다. 영혜에게 요리를 빨리 하라고 욕을 하는 등 그 자신의 무심한 폭력을 깨닫지 못했기 때문이다. 이처럼 우리의 일상에는 무의식적인 폭력이 숨어 있다. 영혜의 이상함은 결국 사회 안에 깊숙이 자리잡은 폭력을 깨닫지 못한 우리의 색안경일지 모른다. 그렇기에 나는 영혜의 채식주의가 암울한 현실을 직시하고 이를 변화시키고자 하는 시도이며, 우리 또한 그녀를 대변할 수 있는 인물이 되어야 한다고 생각한다.

－권해인(종교1)

사례 2 『채식주의자』를 읽고서 마음 한구석 응어리진 답답함을 느꼈다. 답답함의 원인이 무엇일까 생각해보니 가장 먼저는 개인(영혜)과 개인을 둘러싼 사회(영혜의 가족들, 남편의 회사 사람들 등)의 대립에서 개인이 패배한 듯한 느낌을 강하게 받았기 때문이다. 특히 마지막 문단에서 영혜가 동작새를 죽인 듯한 묘사는 결국 최선을 다해 저항하던 영혜마저 폭력의 연쇄 속에서 가해자의 위치에 있을 수 있다는 인식을 나에게 남겼고, 이는 나에게 무력감을 주었다. 또 다른 답답함의 이유를 생각해보니 그건 남편을 한 명의 개인으로 바라보았을 때 마음 편히 비난할 수 없다는 생각이 들어서였다. 영혜가 사회 규범으로부터 당하는 폭력을 보며 한탄스럽지만, 영혜가 채식주의자가 된 데에는 '흰둥이 사건'의 트라우마와, 그와 관련된 듯한 꿈의 영향이 크다. 그리고 그 경험들은 지극히 개인적인 경험이며, 남편은 이를 알지 못한다. 개인적인 경험 없이는 사회적인 틀을 파악하기 충분히 어려울 수 있고, 그렇기에 우리는 남편을 마음 편히 비난할 수 없다. 실제로 남편의 시선에서 비친 영혜를 바라볼 때 우리가 그녀를 이해하고자 노력을 기울이지 않는 한 우리도 그녀를 '미친 사람'으로 취급할 수 있기 때문이다.

— 최민준(국문1)

※ 『채식주의자』를 읽고 교수자의 짧은 안내 동영상 강의까지 접한 다음 기록한 사례
(2024-2학기)

소감을 작성하는 과정은 단순한 감상평을 넘어 작품을 논리적으로 해석하고 자기 생각을 정리하는 연습이다. 학생들의 소감을 보면, 작품 속 인물과 상황을 깊이 있게 분석하고 자신의 해석을 논리적으로 전개하고 있음을 알 수 있다. 이러한 읽기 활동을 통해 학생들은 텍스트를 분석하고 비판적으로 읽는 능

력을 기를 뿐만 아니라 자기 생각을 명확하게 표현하는 훈련도 하게 된다.

읽기 자료를 읽은 후 '소감'을 묻는 과정은 단순한 감상이 아니라 학습자의 사고를 확장하고 쓰기의 기초를 다지는 과정이다. 소감은 사실적 읽기의 1단계에서 이루어지는 학습자의 활동이다. 대개 텍스트를 통독한 후에 사실적 읽기를 연습하는 과정을 거친다. 사실적 읽기는 필자의 의도와 텍스트의 주제를 되도록 있는 그대로 읽어내는 활동이다. 독자는 제목과 줄거리, 주제와 내용을 검토한 후, 텍스트의 의미를 짐작하는 과정을 거치는데 사실적 읽기는 필자의 의견을 중심으로 주제를 파악하는 활동으로 의견과 사실을 구분하는 읽기의 기본이다.

읽기의 단계

① 사실적 읽기: 핵심어, 글의 주제, 글의 구조
② 추론적 읽기: 필자의 의도와 목적 등(사실적 읽기 심화), 의미의 공백 추론
③ 요약하기: 글의 요점을 (재)구조화
④ 비판적 읽기: 주장의 타당성, 근거의 정확성, 중요성 판단[3]

학습자마다 배경지식이 다르고 독서 이력과 경험이 천차만별이기 때문에 읽기 결과에 차이가 발생할 수 있다. 따라서 텍

스트에서 온전히 밝혀지지 않은 의미의 공백을 찾아 읽어가며 필자의 의도와 목적 등을 종합적으로 찾아보자(추론적 읽기, 소설 읽기 참고).

이를 위해 토픽topic, 핵심어, 중심 단락, 주제문 등의 글의 구조를 먼저 이해해야 한다. 우선 필자가 말하고자 하는 바의 일관된 '주제'를 '구조' 안에서 읽어보자. 이러한 방식으로 읽는 것이 어느 정도 가능해졌다면 주제를 실현하는 데 필요한 핵심어와 소주제문을 찾아보는 연습을 하자.

핵심어는 주제 실현에 필요한 단어

'핵심어'는 텍스트의 주제를 구현하는 데 중심이 되는 단어다. 하지만 주제에 대한 이해가 조금씩 다를 수 있기 때문에 학습자마다 '핵심어' 파악 방식에도 차이가 있을 수 있다. 각 텍스트에서 5-7개를 선별한 후 다른 학생들과 비교해 서로의 해석을 비교해보자. 이를 통해 텍스트의 의미를 보다 깊이 있게 이해하고 논리적 읽기 능력을 향상할 수 있다.

주제를 어느 정도 짐작하면서 핵심어를 찾아보았다면 그 결과를 동료들과 함께 논의해보자. 각자 다르게 파악한 핵심어를 놓고 그 이유를 설명해보자. 이를테면 『아픔이 길이 되려면』을

요약하기

요약은 글의 주제와 논리 구조를 파악해서 글의 요점을 간명하게 정리하는 글이다. 핵심어를 활용하되 요약의 목적이나 맥락에 따라 재구조화하는 것이 필요하다(예: 초록 등).

① 주제 파악
② 핵심어 확인
③ 텍스트의 논리 구조 파악
④ 요약의 논리 구조 결정(재구조화)
⑤ 요약: 논리 구조 + 내용(주제) + 핵심어

읽고 조별로 핵심어를 선정한 경우 "저희 조에서는 '아픔'이라는 키워드를 선정하지 않았는데요, 그 이유는 '아픔'이라는 추상적인 명사보다 조금 더 구체적인 맥락에서 구현된 '우울증' '재난' 등을 꼽는 것이 더 적합하다고 판단했습니다" 또는 "저희 조에서는 '아픔'을 키워드로 선정했는데요, 이 책에서 '아픔'은 사전적 의미를 넘어서 '고통'과 유사한 개념으로 사용되는 용어로 보이기 때문입니다"와 같은 방식으로 각자의 방식을 입증하고 설명하는 과정을 거쳐보자. 이 과정에서 학생들은 텍스트의 주제를 조금 더 분명하게 이해하게 된다.

읽기의 세 번째 단계는 '요약'하기다. '요약'은 '핵심어' '텍스

트 구조' '주제'를 응축하는 과정이다. 핵심어를 파악하고 주제
와 구조를 이해한 후 텍스트를 '요약'하는 연습을 해보자. '요
약'은 3단락 요약과 3줄 요약 등으로 텍스트 특성에 맞게 선택
해서 한다. '3단락' 요약은 '논문 요약'(초록)에 활용할 수 있다.[4]
텍스트의 구조 파악은 '요약'의 원리를 이해하는 지름길이다
(요약 방법은 서강대 글쓰기센터 사이트에도 자세하게 안내되어 있다).[5]

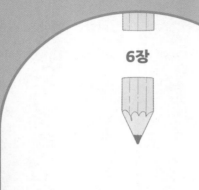

6장

비판적 읽기와
분석적 글쓰기

비판적 읽기는 학습자의 주체성을 강조하는 '다시‒읽기'의 과정이다. 이는 학습자가 텍스트의 주장이 타당한지, 근거가 적절한지를 판단하며 읽는 것이다. 대개 '읽기'라고 하면 필자의 의도를 사실적으로 읽는 것을 떠올리지만(해독), 텍스트가 전달되는 맥락까지 염두에 두며 읽어야 하며(해석), 마지막에는 자기 입장에서 다시 읽는 과정을 거쳐야 한다(비판적 읽기). 그러므로 비판적 읽기는 넓게 보아 단순한 해독을 넘어 메시지가 전달되는 맥락 속에서 필자의 주장이 적절한지, 근거가 충분한지를 따져 묻는 '읽기에 대한 읽기'다.

　　비판적 읽기의 중요성은 '악의 평범성' 개념으로 언급되는 아이히만 사례에서 잘 나타난다. 잘 알려져 있다시피 아이히만은 재판장에서 "관청 용어만이 나의 언어입니다"라고 말할 정도로 자기 언어가 없는 상태였다.[6] 그가 알고 있는 것은 관용적 표현과 선전문구 정도뿐이었으며 비판적 읽기를 할 수 없는 상태였다는 점이 그의 핵심적 문제였다. 자기 언어를 생산하는 데 핵심 역량이 비판적 읽기다. 아이히만의 무능은 비판적 읽기를 하지 못하는 자가 어떻게 '인간다움'을 잃고, 앵무새처럼 남들의 말로 자기 합리화를 하는지 보여준다. 자신의 관점을 형성하고, '인간다움'을 고려하며 세상의 정보와 지식을 곱씹을 수 있어야 한다. 이는 옳고 그름, 적절함과 부적절함을 분별하는 능력과 연결되며 궁극적으로 주체적 인식을 가능하게 한다. 다시 말해 비판적 읽기는 타인의 문장을 곱씹으며 객관화하는 과정으로 한 개인을 주체적으로 독립시키는 능력이자 역량이다.

대개 비판적 읽기를 정의할 때 "글에 사용된 자료가 정확한지, 표현이 적절한지, 글에 나타난 필자의 주장이나 의견이 타당한지"라는 기준을 바탕으로 논리적 정합성이나 자료의 정확성을 중심으로 정리한다.[7] 비판적 읽기를 사실, 의견, 표현 등으로 나누어 세밀히 살펴보면 '사실'에 관한 부분에서는 정확성, 신뢰성 등을 따져 묻고, 의견 부분에서는 타당성과 적절성, 표현 부분에서는 적합성, 정확성을 확인할 수 있다. 즉, 근거 차원에서는 인용, 출처, 표본 등의 자료가 정확한지, 출처는 믿을 수 있는지, 해석이 적합한지 등을 확인해볼 수 있으며 의견 부분에서는 필자의 주장이 타당한지, 편파적이거나 편견이 개입되고 있지는 않은지 물을 수 있다. 또한 표현 차원에서는 문법적 오류나 부적합한 표현을 사용해서 의미 전달에 오해가 있는지 확인해볼 수 있다.

비판적 읽기의 목표는 학습자의 주체적 이해

그간 비판적 읽기 과정에서 사실, 의견, 표현 등에 근거해 필자의 주장이 타당한지, 제시된 자료가 객관적인지, 표현이 적절한지 등을 물었다면 여기에 더해 본고에서는 독자의 위치(담화 공동체에 속한)에서 필자의 견해를 판단하는 읽기 과정을 강조했다. 독자(담화 공동체의 일부로서)의 가치 판단을 비판적 읽기에 포함하는 것이다.[8] 이는 단순히 텍스트의 논리적 정합성과 자료의 신뢰성을 평가하는 것을 넘어 독자가 자신의 관점에서 필자의 견해를 수용할지, 혹은 비판할지 판단하는 과정까지 포함시키는 읽기 방식이다. 이를 통해 독자는 단순한 해석자가 아니라 적극적인 의미 생산의 주체가 된다. 즉, 비판적 읽기는 텍스트에 대한 분석적 검토를 넘어 독자가 담화 공동체의 가치를 고려하면서 필자의 견해를 평가하는 주체적인 읽기의 과정이다.

비판적 읽기는 필자가 전달하고자 하는 의미를 사실적·추론적으로 읽으며 그 의미를 이해하고 해석하는 과정에 더해서

- 주장의 객관성: 필자의 위치, 필자의 객관성, 주장의 타당성
- 근거의 정확성: 자료의 충분성, 추론 및 근거의 적합한 사용
- 독자의 판단: 독자 자신의 객관성 및 편견

'독자'의 입장과 위치에서 그 의미가 타당한지 판단하고 주체적으로 성찰하는 행위다.[9] 이때 '독자'는 텍스트를 개별적, 주관적으로 읽는 일 '개인'이 아니라 앞서 언급한 것처럼 담화 공동체의 지향을 고려하고 있는 구성원, 참여자에 가깝다. 모든 필자는 각자 입장과 위치, 역할에 따라 의견을 제시한다.

비판적 읽기는 주로 주장과 근거의 차원으로 나누어 생각해 볼 수 있는데 코로나19 시기 대학생들의 학업 성취를 논하는 글에서 코로나19 이전에 발표된 자료를 근거로 논증하고 있다면 근거가 부정확하다고 비판적으로 읽을 수 있을 것이다. 주장 차원의 사례로는 수전 손택의 비판적 읽기를 예로 들 수 있다. 그는 신문에 실린 전쟁 사진을 보며 '전쟁(재난)을 보도하는 카메라 시선'에 대해 질문한다. 즉, 스펙터클한 사진을 보면서 전쟁을 '보도'하는 목적인지 아니면 다른 목적이 있는 것인지 묻는 것인데, 이는 '근거'(사진)를 문제 삼고 있지만 근거를 통해 전달하고자 하는 메시지를 비판적으로 읽고 있는 경우다.

한 학기 동안 읽는 읽기 자료는 그 대체로 비판적 읽기의 좋은 사례다. 이를테면 지그문트 바우만의 『왜 우리는 불평등을 감수하는가』라는 글도 마찬가지인데 바우만의 방식대로 마거릿 대처의 연설을 비판적으로 읽어보자.[10] 이를 통해 비판적 읽기의 방법을 시도해보자.

> 우리가 개인을 소중히 여기는 이유 중 하나는 그들이 모두 똑같기 때문이 아니라 모두 다르기 때문입니다. 중서부에는 '키 큰 양귀비를 베지 마라. 오히려 크게 자라게 하라'는 속담이 있다고 생각합니다. 저는 우리 아이들이 키가 크게 자라게 하고, 그럴 능력이 있다면 다른 아이들보다 더 크게 자라게 하라고 말하고 싶습니다. 우리는 시민 각자가 자신의 이익과 전체 커뮤니티를 위해 자신의 잠재력을 최대한 개발할 수 있는 사회를 만들어야 하기 때문입니다.[11]

① 전제: 시민 각자가 자신의 이익을 추구하는 것이 공동체 전체에 기여한다.

② 주장: 우리 아이들이 다른 아이들보다 조금이라도 더 클 수 있도록 노력해야 한다.

③ 근거: 우리는 자신의 잠재력을 최대한 개발할 수 있는 사회를 만들어야 하기 때문이다.[12]

우선, 대처는 '우리 아이들이 다른 아이들보다 조금이라도 더 클 수 있도록 노력해야 한다'라고 주장한다. 일단 너무 자명한 말이다. 그런데 이와 같은 주장(마거릿 대처)을 접한 돌링과 바우만은 왠지 불편하다고 느낀다. 이 '불편함'은 단순한 감정이 아니라 필자의 견해에 대한 독자의 1차적 판단이다. 특정 텍스트를 읽으며 화자의 주장에 동의하지 않거나 불분명하지만 적절하지 않다고 느껴진다면, 그 이유가 무엇인지 다시 한번 살펴보자. 이러한 느낌이 든다면, 텍스트의 행간을 꼼꼼히 읽으며 무엇이 불편한지 분석해볼 필요가 있다. 비판적 읽기의 핵심은 개별 문장이 아니라 문장 간의 연결 속에서 형성된다는 사실을 인식하자.

주장의 타당성: 필자의 주장 혹은 필자의 의도

비판적 읽기의 첫 번째 방법은 필자의 의도와 글의 목적을 파악하면서 주장의 내용이 맥락에 부합하는지 판단하는 것이다. 대처는 1970년부터 1974년까지 영국 교육과학부 장관을 역임한 후 1975년 보수당 총리에 당선되었다. 따라서 대처의 이 연설은 교육과학부 장관으로서의 경험을 토대로 국가의 방향과 관련한 본인의 입장을 드러내는 주장이다. 그런데 이런 맥락에서 '더 클 수 있도록 노력해야 한다'라는 너무도 자명한 주장을 꺼내놓는다. 이 주장만 놓고 보면 일반적인 격려의 말처럼 보인다. 그런데 문제는 이러한 주장을 왜 이야기하는 것일까 하는 것, 다시 말해 비판적 읽기는 이와 같은 '왜'에서 시작한다. 1975년 이전까지 보수당이 표방했던 평등주의적 복지 국가 실현의 기조를 고려하면 이 문장은 자명한 것이 아니라 오히려 상징적 표현이자 정치적 주장이 아닐까. 왜 갑자기 이런 주장을 하게 된 것일까? 등의 의문을 품으며 주장 전후의 맥락과 의도 등을 다시 읽어 보는 것이 필요하다.

'시민 각자가 자신의 이익을 추구하는 것이 공동체 전체에 기여한다'라는 전제를 '시장'에 한정해서 말하는 것이 아니라 '교육'에도 적용하고 있다. 시장에서의 작동 방식을 일반화해서 교육 분야에도 긍정적 효과가 나타날 것이라고 주장하는 것이다. 이와 관련해 바우만은 돌링의 표현을 빌려 '부정의의 교의'로 진단한다. 부정의함에도 특정 전제를 일반화해서 믿음의 체계처럼 만들어버리는 문제를 지적한 것인데, 다시 말해 "시민 각자가 자신의 이익을 추구하는 것이 공동체 전체에 기여한다는 암시 때문에 대처의 연설 내용은 거의 자명한 듯 보이지만 사실 이 전제는 분명하게 설명되지 않은 채 당연한 것으로 제시되고 있을 뿐이다"라는 것, 다시 말해 '사익 추구가 공익에 도움이 된다'는 전제가 '시장'에 한정해서 사용되는 것이 아니라 '교육' 일반에 적용하고 있는 것이 문제라고 지적한다. 바우만(과 돌링)은 '어떤' 주장을 '모든' 주장처럼 일반화해서 암묵적 전제(교의)처럼 사용하는 것이 문제라고 언급한다.

주장과 근거의 정확성과 정합성

비판적 읽기의 두 번째 방법은 근거의 정확성과 충분성에 대한 읽기다. 앞의 인용문을 참고로 과연 근거가 적합한지 다시 읽어보자. 대처는 "우리 아이들이 다른 아이들보다 조금이라도 더 클 수 있도록 노력해야 한다"고 주장하기 위해 "시민 각자가 자신의 이익을 추구하는 것이 공동체 전체에 기여한다"는 전제를 사용하고 있지만, 바우만은 이 주장을 비판하며 다른 근거를 제시한다. 다른 연구자들의 불평등 지표를 사례로 가져와 근거의 부적절성을 공략하는 것이다. 예를 들어 1970년대부터 2000년대 초반까지의 사례를 비교하며 "학교 생활을 똑같이 잘하고 똑같이 열심히 공부하며 IQ까지 같다고 해도 마흔 살이 되었을 때 미국 내 상위 10퍼센트의 부자에 포함될 가능성이 전자(대기업 변호사 아들)가 후자(하급 공무원의 아들)보다 27배 더 높다. 하급 공무원의 아들은 기껏해야 중간 수준의 소득을 획득할 수 있는 것으로 나타났다"[13]고 지적하면서 30년이 지난

2007년에는 상황이 더 나빠졌다고 설명한다. 이 근거를 보게 되면 개인들이 각자 자기 이익을 추구하는 것이 공동체에 적합한지 반문이 생기게 된다. 바우만의 비판적 읽기에서처럼 주장의 타당성 뿐만이 아니라 근거의 적합성이나 충분성을 따져 묻는 것이 필요한 이유다.

독자의 가치 판단과 공동체의 지향

비판적 읽기의 세 번째 방법은 학습자 스스로 대처의 글을 비판적으로 읽는 과정이다. 즉, 대처의 주장에 동의하든 그렇지 않든 자신의 입장과 위치에서 '다시 – 읽기'를 시도하는 것이다. 이 과정에서 우선적으로 살펴야 하는 것은 본인 혹은 공동체의 맥락과 비교·대조하며 읽는 것이다. 이를테면 "이 연설을 1975년에 했다고? 대처는 1970년부터 1974년까지 과학교육부 장관이었는데 그렇다면 그 경험을 근거로 이런 주장을 했을 가능성이 큰데 학생들의 '교육'을 책임지던 장관이 '각자'의 노력과 이익을 이야기하는 것이 적절한 일인가?"라고 물을 수 있다. 이러한 문제의식을 조금 더 확장해서 "〈빌리 엘리어트〉 영화를 본 적이 있는데, 이 영화는 가난한 소년의 성장을 담아내고 있는데, 역사적 배경이 대처의 정책에 저항하는 파업으로 생계가 어려워졌던 것이 생각이 나는데, 관련이 있는지 찾아봐야겠어"라든가 "대처의 주장은 공교육 시스템이 탄탄하다는 전제가 있어야 가능한 주장이야. 1970년대 영국의 공교육 시스템과 학업 성취도 통계 같은 게 있는지 확인해봐야 할 것 같아" "대처의 논리는 주장만 놓고 보면 신자유주의 체제 아래의 경쟁 시스템을 합리화하는 논리 같아. 마이클 샌델 교수의 『공정이라는 착각』에서도 이와 비슷한 주장을 예시로 가져온 것 같아. 찾아봐야겠어" 같은 방식으로 기존에 자신이 알고 있는 배경지식과 견주어서 생각해보는 것도 가능하다.

이처럼 기존에 알고 있는 배경지식과 견주어 대조하며 새로운 질문을 던지고 확장하는 과정이 비판적 읽기의 핵심이다. '사실적 읽기'가 작가(발신자)의 입장에서 그가 전달하고자 한 메시지 혹은 주장을 읽는 방식이라면 '비판적 읽기'는 독자가 텍스트의 의미를 확정·판단하는 과정에서 이루어지는 읽기의 읽기다. 비판적 읽기는 독자의 능동적 읽기다.

좋은 글은 대개 비판적 읽기에서 출발한다. 예를 들어 재레드 다이아몬드의 『총 균 쇠』를 읽다 보면, 통념과 편견과 맞서 싸우는 작가의 섬세한 읽기 방식이 돋보인다. 이를테면 19장의 제목을 먼저 살펴보자. "아프리카는 왜 흑인의 천지가 되었는가"라는 질문이다. 혹시나 유럽인과 아프리카인의 차이 때문이 아닐까라는 것, 오래된 통념을 비판적으로 검토하려는 시도의 출발점이다. 질문은 새로운 진실의 시작이다. 재레드 다이아몬드는 이를 지리적 입지, 식량 생산, 가축화의 어려움, 남북으로 길게 늘어진 지형적 특성 등 구체적인 자료를 활용해 검토한다. 결론적으로, 그는 아프리카와 유럽의 역사적 궤적이 달라진 것은 '인종 차이'가 아니라 '지리적 차이' 때문이라고 주장한다. 이처럼 새로운 질문이 새로운 진실을 알리는 시작이 될 수 있다. 재레드 다이아몬드의 비판적 읽기는 '묵은 관념'을 해체하며, 새로운 주장과 해석의 가능성을 보여준다.[14]

『총 균 쇠』의 저자가 오래된 편견과 통념을 새로운 사실을 통해 반박하며 새로운 의견을 제시하는 비판적 읽기를 수행하고 있다면, SF 작가 김초엽은 경험과 빗대어 확장하는 방식의 비판적 읽기를 보여준다. 그는 대학 수업에서 포스트휴머니즘을 배웠는데 '포스트휴먼' 개념을 익히면서 "온종일 스마트폰을 쓰고 아이패드로 수업 내용을 필기하며' 보청기'를 착용하고 있는 것, 그것이 포스트휴먼한 것이 아닌가"라며 책 속의 이론을 현실에 적용해서 생각한다. 이러한 질문 끝에 "혹시 어쩌면 저를 사이보그로 볼 수도 있지 않을까요?"라고 생각하게 된다.[15] '내가 사이보그가 아닌가'라는 질문은 그 자체로 인간의 신체를 다르게 바라보는 비판적 읽기다. 바우만이나 김초엽의 사례에서 볼 수 있듯 비판적 읽기는 사람들이 자명하다고 믿는 것, 자연스럽다고 생각하는 것에 의문을 던지는 과정이다.[16] 야마구치 슈는 『뉴타입의 시대』에서 '다가올 미래는 문제를 발견하는 자의 것'이 될 것이라고 말하면서 이제 중요한 역량은 '문제를 발견'하는 것이라고 언급한다. 심지어 인공지능의 정답 도출 역량조차 인간을 능가했다는 것, 결과에 집중하기보다 과제를 시작할 수 있는 질문이 필요하다고 말한다. 즉, 비판적 읽기는 단순히 정답을 찾는 과정이 아니라 기존의 전제를 해체하고 새로운 질문을 통해 의미를 확장하는 과정이다. 이러한 능력이야말로 미래 사회에서 가장 중요한 역량이 될 것이다.

'비판적 읽기'는 주장의 타당성, 근거의 적절성, 독자(우리)의 가치 판단의 적합성을 판단하는 다시-읽기의 과정으로, '사실' 혹은 '진실'을 (재)맥락화하는 독자의 능동적 '읽기'다. 이 방법을 미디어 콘텐츠 분석에도 적용할 수 있다. 미디어 콘텐츠 읽기는 언어 텍스트와 같은 방법을 적용하지만, 상황에 따라 장르 문법과 결합해서 읽을 수도 있다.

미디어 자료(콘텐츠, 이미지 등) 역시 언어 텍스트를 읽는 방법으로 읽어보자. 비판적 읽기의 대상은 언어 텍스트에 국한되지 않는다. 이는 사건, 미디어, 문화, 예술 작품 등 여러 분야에 걸쳐 적용될 수 있다. 즉, 담화 공동체 내에서 지식 생산에 관여하는 다양한 현상, 사건을 비슷한 방식으로 읽고 해석하는 것이 가능하다. 미디어 읽기도 비판적 읽기의 중요한 영역 중 하나다.[17] 고등 교육에서 비디오 영상을 수업에 활용하는 것은 5가지 효과가 있다. 학생들의 긴장을 풀어주고, 학생들이 공식적·비공식적으로 알고 있는 것과 배치된 새로운 아이디어를 소개할 수 있으며, 인식에 영향을 미치는 감정을 촉발하고, 시간과 공간을 초월해서 학생들의 일상 경험을 역사화·세계화할 수 있을 뿐만 아니라 의견과 사실을 구분하는 논증적 사유의 역량을 향상시키는 데 도움이 된다.[18] 즉, 미디어 콘텐츠는 단순한 정보 전달을 넘어 사고의 전환을 촉진하는 중요한 교육 도구가 될 수 있다.

영상 콘텐츠의 경우 새로운 문화적 담론을 구성하는 자원으로 활용되기 때문에 '읽기' 자료로 활용된다. 그렇다면 어떻게 읽을 것인가? 읽기 자료로서 미디어 콘텐츠를 다룰 때 '기술'로 읽을 수도 있고 '텍스트'로 이해할 수도 있으며 '맥락'으로 볼 수도 있다.[19] 수업 시간에 미디어 자료를 읽을 경우 인문사회적 현상을 담아내는 기호로 치환해서 읽는다.

다음은 짧은 CF 한편을 사실적·비판적으로 읽은 경우다. 콘텐츠는 코로나19 시기 제작 발표된 나이키의 'You can't stop us'다.[20] 약 72개 경기를 분할·합성해서 만든 광고다. 약 1분 20초 정도 길이의 영상이다.

사례 1: 사실적 읽기, 요약

주장: 여러 현실적 제약이 있더라도 우리는 힘을 합쳐 스포츠 아래 하나가 된다.

근거 1: 2분할된 장면을 통해 서로 다른 환경에서 비슷한 행위를 하는 사람들을 교차함으로써 공동의 목표를 향해 나아간다는 메시지를 나타냈다.

근거 2: 영상에 등장하는 인물들은 여러 제약(인종, 장애, 부상, 종교, 성 정체성) 아래에서도 스포츠를 즐기며 공통된 가치를 향유한다.

사례 2: 사실적 읽기, 요약

주장: 성별, 인종, 장애와 관련 없이 스포츠는 모두의 것이 되어야 하며, 나아가는 과정에서 마주치는 장벽 또한 우리가 함께 스포츠로 극복할 수 있다.

근거 1: 분할된 화면으로 코로나19 시대의 격리와 단절을 표현하고, 그 화면 각각의 사람들의 동작이 이어지며 '스포츠'를 통해 연결되고 어려움을 극복하는 모습을 보여준다.

근거 2: 다양한 인종과 성별, 비장애인과 장애인을 보여주며 스포츠 아래 '우리'의 모습을 강조한다.[21]

사례 3: 비판적 읽기, 요약

주장: 광고가 전하고자 하는 메시지는 "우리는 하나"이지만 그에 반하는 모순적인 면모들이 내재되어 있다.

근거: 영상에서 등장하는 레퍼런스들을 서구권과 동양권으로 구분해본다면 그 비율에서 크게 차이를 느낄 수 있다. 전 세계의 스포츠인들을 대상으로 "우리는 하나"라는 메시지를 전하려고 하지만 결국 영상에서 쓰

인 레퍼런스들은 서구권 인종들의 영상이 대부분이었다. 이렇듯 동양인의 관점을 고려하지 않았다는 점에서 해당 광고의 모순이 느껴지는 부분이다.

* 조별 읽기(2024-2학기)

학생들은 주장과 근거의 구조를 활용해서 CF 콘텐츠를 요약했다. 사례 1과 사례 2는 모두 주장과 근거의 구조로 나누고, 근거를 내용적 차원과 형식적 차원으로 나누어서 요약한 것이다. 사례 3은 '비판적 읽기'의 사례다. 비판적 읽기는 언어 텍스트를 분석하는 방식과 동일한 과정으로 진행된다. 즉, 무엇이 주장인지 파악하고, 이 주장을 뒷받침하는 근거가 무엇인지, 그리고 주장과 근거의 연결이 적절한지를 묻는 방식이다. 조별 토론에서 "왜 이런 자료가 근거처럼 쓰였지?" "○○ 자료가 이 내용의 대표적 사례가 될 수 있나?"와 같은 질문을 던진다. 비판적 읽기 과정은 조별로 진행하며, 서로의 의견을 덧대고 조율하는 과정에서 자연스럽게 논의가 정리된다. 어떤 의견은 토론을 통해 선택되기도 하고, 어떤 의견은 논의 속에서 자연스럽게 걸러지기도 한다. 예를 들면, 다음과 같은 논의 과정이 가능하다. 예를 들어 한 학생이 '우리'라고 말해놓고 왜 아이랑 노인은 나오지 않는 걸까?'라고 묻는다. 그러면 '한쪽에서 '아이는 등장하고 있어. 그런데 스포츠를 통해서 극복하자고 하고 있기 때문에 스포츠 경기 선수 중심으로 이야기하는 것 같아'라고 답할 수 있다. 이 과정에서 학생들은 '우리'로 표상되는 '공동체'의 가치를 서로 이야기하며 공통의 의견, 즉 컨센서스를 확인하게 된다.

비판적 읽기는 단순히 텍스트의 내용을 이해하는 것이 아니라 그것이 전달하는 의미를 비판적으로 검토하고 새롭게 구성하는 과정이다. 이러한 과정을 반복함으로써 학생들은 주체적인 사고력을 기르고 논증적 읽기와 비판적 사유 역량을 향상할 수 있다.

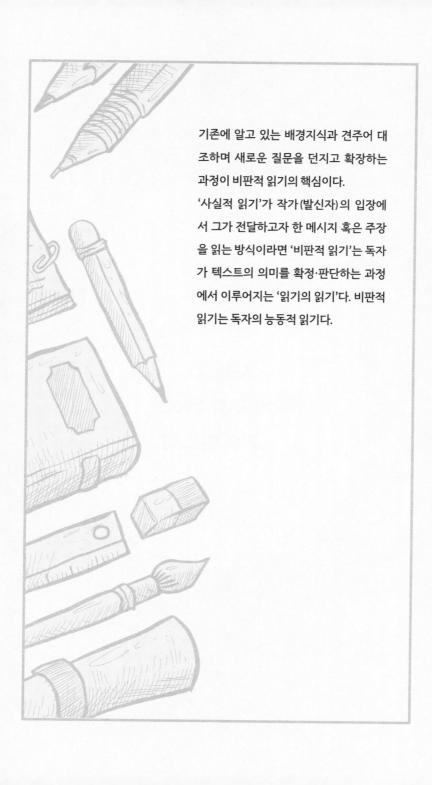

기존에 알고 있는 배경지식과 견주어 대
조하며 새로운 질문을 던지고 확장하는
과정이 비판적 읽기의 핵심이다.

'사실적 읽기'가 작가(발신자)의 입장에
서 그가 전달하고자 한 메시지 혹은 주장
을 읽는 방식이라면 '비판적 읽기'는 독자
가 텍스트의 의미를 확정·판단하는 과정
에서 이루어지는 '읽기의 읽기'다. 비판적
읽기는 독자의 능동적 읽기다.

7장

사례 3:
주제 구성 가이드
-교수 멘토링

사실적 읽기와 비판적 읽기를 한 다음 '분석적 쓰기'를 수행한다. 사실적 읽기와 비판적 읽기를 글쓰기Essay로 수행하는 것인데, 분석 대상을 구조적 · 사실적으로 이해하는 것에서 더 나아가 학습자의 해석까지 포함할 수 있는 글쓰기다. 원칙적으로 '분석'이 텍스트, 현상, 사건 등에 나타난 사실을 체계적으로 읽어내는 과정이라면 '분석적 글쓰기'는 분석을 기본으로 분석 대상의 종합적 의미를 읽어내는 글쓰기에 가깝다. 이를 위해 분석 대상의 의미 관계를 해체해서 구성 요소 간의 관계를 도출하는 것에서 더 나아가 텍스트, 현상, 사건 등을 둘러싼 맥락까지 고려하여 해석한다.

분석적 글쓰기의 분석 대상은 텍스트, 사건, 현상 모두 열어놓고 학습자가 본인의 관심사에 맞추어서 주제를 구성하면 된다.[22] 즉, 학습자가 분석적 글쓰기에 앞서 준비해야 하는 것은 다양한 읽기 자료를 통해 축적된 것을 근거로 본인의 문제의식을 만들어내는 일이다. 소비, 자본, 차별, 혐오, 공감, 불평등, 친밀성 등 인문사회 읽기 자료를 읽는 과정에서 형성된 사유의 조각들을 정리해 문제의식을 구성해보자. 문제의식이란 질문하는 것이다. 텍스트를 읽고 나서 "나는 이 글에서 어떤 문제를 느꼈고, 그래서 어떻게 질문하고 싶은가"라는 질문도 가능하고, 본인의 일상 생활 경험에서 생긴 생각을 정리해 "SNS라는 말에 동의하지 않아. '사회적'이라기 보다 '나르시시즘적'이야"와 같이 질문해보는 것도 가능하다. 또 읽기 자료를 통해 연습했던 '다른 시각'으로 질문하는 것도 가능하다. "일반적으로 종이 빨대 사용을 선전하며 환경 친화적이라고 하는데 이는 기업의 이미지 전략이 아닐까"와 같은 질문이 그러하다. 텍스트, 현상, 정책, 사건 등에 대해 본인만의 질문을 만들어보자.

문제의식 준비가 글쓰기의 절반이라고 할 수 있다. 그간 읽었던 다양한 읽기 행위를 쓰기로 확장해서 연습하는 과정이라고 생각하자. 분석적 글쓰기에서는 사실적 읽기와 비판적 읽기를 기반으로 본인의 문제의식(관심)에 따라 대상, 현상, 사건 등을 읽고 해석하는 과정이다. 물론 대부분의 대학생(신입생)들은 '문제의식' 준비를 어려워한다. 오히려 주어진 논제에 답하는 것을 수월하게 생각한다. 만약 문제의식 구성이 어렵다면 교수 면담, 글쓰기센터, 학습 소모임 등을 통해서 도움을 구해보자.

문제의식은 질문하는 것

다음은 2024년 1학기 주제 구성 면담에서 학생들과 나눈 면담 내용을 3가지 영역에서 간략하게 정리한 것이다. 첫 번째는 학생들이 설정한 '토픽'과 '문제의식'이 타당한지 검토하면서 이를 수정·보완하는 면담이다(사례 (가), (나)). 두 번째는 주제 구성에서 '자료'나 '근거' 여부를 확인하는 면담이다. 본인이 쓰고 싶은 주제가 있지만 분석 대상을 구하기 어려운 경우, 혹은 관련 자료를 어떻게 찾아야 하는지 모르는 경우에 속한다. '주제 구성' 면담은 넓게 보면 '비판적 읽기' 심화 연습이다. 비판적 읽기의 과정을 문제 설정, 근거 탐색 등으로 나누어서 살펴보는 일이기도 하다(사례 (다)). 세 번째 경우는 입장이나 관점을 달리 구성해서 해석의 다양성을 꾀하는 비판적 읽기의 경우다(사례 (라)).

(가) 주제 구성 면담: 토픽의 결정

학생: 제가 준비해온 토픽은 '인서울' 선호 현상입니다.

교수: '인서울 대학 선호' 현상을 말하는 것인가요?

학생: 네, 그렇습니다. 저도 '인서울' 대학을 원했지만, 실은 남들이 좋다고 하니까 그렇게 정한 것 같습니다. 이유는 잘 모르겠습니다. 그래서 저는 문제의식을 '왜 인서울 대학인가'라고 질문해보려고 합니다.

교수: 네, 좋습니다. 본인의 경험에 근거해서 문제의식을 설정하는 것은 좋습니다. 자기 객관화할 수 있는 계기이기도 하니까요. 그런데 이 문제의식은 이미 여러 분석이 나와 있는 것 같은데 기존 논의에서 조금 더 확대할 부분이 있을까요?

학생: 음, 자료를 찾아보니까 '인서울 대학 선호' 현상을 지방의 취업 여건이나 문화 인프라로 설명하고 있었습니다. 저 역시 동의하지만 제가 집중하는 것은 '서울−지방'의 프레임이 아니라 '부산'이에요. '부산'이 '서울'은 아니지만 그렇다면 '지방'으로 묶이는 것도 아니라고 생각해요. '부산'을 '지방'으로 이야기하는 것은 서울−지방이라는 프레임 문제인 듯한데 왜 '부산'이 '지방'이 되었는지 질문해보고 싶어요.

교수: 그렇다면 토픽이 '인서울'이 아니라 '부산'인가요?

학생: 아, 그렇네요. '부산'으로 하는 게 조금 더 구체적일 듯하네요. (…)

교수: '부산'을 '기존 범주와 다르게 읽고자 하는' 문제의식으로 읽히는데요, '재정의' 방법이 부분적으로 유효할 듯싶습니다. 읽기 자료 중에서 기존 개념을 '재정의'하면서 개념을 새롭게 재구성한 사례를 참고해보셔도 좋겠습니다.

* 여러 면담 사례를 고려해서 재구성

(나) 주제 구성 면담: 문제의식

학생: 제 토픽은 '감정'이에요. 아니, 조금 더 정확히 말하자면 '나는 왜 우울한가'라는 주제로 글을 쓰고 싶습니다.

교수: 문제의식을 조금 더 자세히 이야기해주세요.

학생: '대학에 가면' 더 재미있게 살 줄 알았어요. 그런데 고등학교 때보다 더한 것 같습니다. 고등학교 때까지 공부는 '해야 하니까' 그리고 '시켜서' 하는 공부라서 투정도 부리고 했는데, 대학교에 오니 '알아서' 해야 하는 공부인데 더 많아졌어요. 그런데 자발적으로 찾아서 공부를 해도 공허하다는 느낌이 들어요.

교수: 본인의 감정 상태를 토픽으로 준비했는데, 혹시 '나의 우울'을 '대학생의 우울'로 확장할 수 있을까요? 다시 말해 토픽을 조금 더 보편적 주제로 확장할 수 있을까요?

학생: 네, 저도 '나의 우울'이라고 말했지만 '대학생의 우울'에 대해 준비하려고 해요. 지난번 『채식주의자』 읽을 때 '개인의 감정'을 사회구조적으로 해석하는 것이 흥미로웠거든요. 이번 글쓰기에서 그와 같은 방법론을 써보고 싶습니다. (…)

교수: 네. 좋은 접근이 될 수 있을 듯합니다. '나의 우울'을 사회구조적으로 살펴보면서 '대학생'이 놓인 감정 상태를 조금 더 보편적으로 볼 수도 있겠네요. 혹시 수업 시간에 읽었던 읽기 자료 중에서 도움을 받았던 자료가 더 있을까요?

학생: '능력주의'에 대한 논문이 연결될 듯합니다.

교수: '우울'과 '능력주의'의 관련성을 찾아보셔도 흥미로울 듯합니다.

* 여러 면담 사례를 고려해서 재구성

바로 위의 사례들처럼 학생들은 책을 읽고 자료를 검토하며 문제의식을 정리해나간다. (가) 학생은 본인의 경험을 객관화해 문제의식으로 정리해낸 사례다. 주제는 '인서울 대학 선호' 현상에 대한 문제 제기다. 기존의 '부산 = 지방'이라는 통념을 비판적으로 검토하면서 부산이 왜 인구가 줄어드는 대도시인지 묻는다. '인서울'이라는 단어가 내포하는 '서울 - 지방'의 이분법에 대한 비판적 읽기를 시도한 경우로 '부산이 왜 지방이

되었는지' 기존 개념이나 명명을 낯설게 읽고자 시도한 경우다. 이 학생은 인구 분포와 교육 인프라, 일자리 등으로 나누어서 '부산시 인구 감소의 원인'으로 한 편의 글을 썼다. (나) 학생은 본인의 감정 상태를 관찰하며 이를 사회적 차원에서 분석한 사례다. 주제는 '대학생의 우울'이다. 이 학생은 대학생 익명 커뮤니티 사이트에서 감정 키워드로 글을 검색하며 공통된 정서를 발견한 모양이다. 이를 통해 우울을 개인의 감정이 아니라 사회적 문제로 확대·해석할 수 있는 시야를 얻게 된 사례다. 즉, 일종의 '가설'을 설정한 것인데, 이를 뒷받침하는 방법론으로 수업 시간에 읽었던 여러 읽기 자료(능력주의, 성과 주체)를 연결해서 대학생의 공부가 '성과주의'와 무관하지 않음을 분석했다. 이 사례는 개인적 경험을 객관화해 사회적 문제로 확장하는 과정에서 비판적 읽기가 어떻게 적용될 수 있는지를 보여준다.

(다) 주제 구성 면담: 자료 찾기

학생: 저는 〈런닝맨〉 분석을 하고 싶어요.

교수: 네, 어떤 점에 흥미를 느끼신 건가요? 조금 더 구체적으로 이야기해주세요.

학생: 저는 어렸을 적부터 봐왔는데 지금도 여전히 방송되는 데에는 그

만한 이유가 있다고 생각해요

교수: 〈런닝맨〉 장수 비결을 분석하고 싶은 건가요? 〈런닝맨〉 분석이 어떤 의미가 있을까요?

학생: 사실 그게 약간 고민되는데요, 저는 예능 PD가 꿈이거든요. 공중파에서 〈런닝맨〉이 이렇게 장수하는 비결이 약간은 독특한 게 있다고 생각되었어요. 그냥 재미있어서 보는 게 아니라 PD의 입장이 되어 분석적으로 보고 있거든요.

교수: 네, 조금 더 자세하게 이야기해주세요.

학생: 네, 〈런닝맨〉은 초기부터 인물마다 캐릭터를 설정하면서 각각의 캐릭터별로 팬덤을 설정하고 이를 홍보하는 형태를 취했어요.

교수: 아, 그렇다면 일종의 '팬덤화'를 미디어 전략이라고 보는 건가요?

학생: 네, 그렇습니다. 그런데 이와 관련해서 기존 논의를 찾아보면서 아이디어를 확장하고 싶은데 관련 자료가 없어요.

교수: 논문 사이트에서 검색이 안 된다는 이야기지요? 검색어를 어떻게 넣었나요?

학생: '〈런닝맨〉'이나 '팬덤' 등으로 넣었어요. 〈런닝맨〉 분석은 마땅한 게 없고, 팬덤은 아이돌 문화에 대한 것이 많아서 딱히 참고하기 어려웠

어요.

교수: 이럴 경우 검색어를 '대체'해볼 수 있겠네요. 〈런닝맨〉과 비슷한 예능 프로 중에 조금 더 대표적인 게 있을까요?

학생: 〈무한도전〉이요. (…)

교수: 검색어를 '무한도전'으로 넣고 '캐릭터' '팬덤' 등을 동시에 넣어서 찾아보세요. 〈무한도전〉 논문을 통해 자료를 검토해보면 좋겠네요. 자료를 찾을 때 본인의 검색어를 '대체'하거나 '상위' 개념으로 넣어서 사용해보면 좋겠습니다.

* 여러 면담 사례를 고려해서 재구성

　

(다) 학생은 본인이 쓰고자 하는 주제가 명확한 경우다. 시청자로서 〈런닝맨〉을 재미있게 본 경험과 미디어 전공 학생으로서 프로그램 흥행 요인을 분석하고 싶은 관심이 결합한 주제다. 즉, 개인적 경험과 전공 지식을 연결해 분석하고자 하는 사례다. 이 학생은 단순히 프로그램의 완결성만이 아니라 수용자의 태도 변화에 주목했다. 즉, 콘텐츠의 완결성 못지않게 수용자의 태도 변화에 주목하고 있었고, '팬덤'을 통해 안정적으로 제작하게 된 것은 아닌지 일종의 문제의식을 겸한 '가설'을 설

정하고 있었다. 아직 문제의식 수준이기 때문에 이 가설이 정당화될 수 있는지 없는지 판단하기는 어렵기 때문에 자료를 찾아 읽어가면서 가설의 정당한지 여부를 판단해야 한다. 그런데 이 학생이 논문 검색 사이트에서 검색어를 '〈런닝맨〉'으로 넣었을 때 참고할 만한 자료를 찾기 어려웠다고 했다. 이럴 경우 학생들에게는 '대체' 검색어를 활용하도록 안내한다. 본인이 찾고자 하는 '검색어'와 유사한 주제나 관련 개념을 검색어로 사용해야 한다. 또 타당성 여부를 검토하는 과정에서 여러 자료(근거)를 교차시켜 검토하는 것은 필요하다. 주제가 명확해도 자료를 구하기 어렵거나 본인이 자료를 해독·해석할 역량이 안 된다면 글을 쓸 수 없다.

　(라)는 '누구의 위치에서 이 사안을 바라볼 것인지' 묻는 사례로 비판적 읽기에서 사용해봄 직한 방법이다. (라)의 사례에서는 특정 현상, 재현, 전략 등을 바라볼 때 입장과 위치를 바꾸어 생각해보는 방식이 사용되었다. 누구의 시선인지, 누구의 위치인지를 되물으면서 비전과 가치의 적절성 여부를 따져 물을 수 있다. 결국 비판적 읽기는 텍스트뿐만 아니라 미디어, 문화, 사건 등을 분석적으로 바라보는 데 적용될 수 있으며, 이를 통해 깊이 있는 문제의식을 형성하고 논리적 글쓰기로 발전시킬 수 있다.

(라) 주제 구성 면담: 입장, 위치, 맥락, 시선

학생: 저는 ○○○○의 마케팅에 대해 써보고 싶어요.

교수: 네, 그렇게 생각하게 된 계기가 있을까요?

학생: 사실 고등학교 때 이런 종류의 보고서 작업을 했어요. 그때는 기업의 입장에서 썼어요. 기업의 실적과 마케팅을 연결해서 마케팅 방법을 찾았던 것 같습니다.

교수: 그렇다면 이번에도 그와 같은 방법을 다시 한번 사용하실 생각이세요?

학생: 아니요. 수업 시간에 했던 것처럼 여러 각도에서 이 문제를 살펴야겠다고 생각했어요. 이번에는 '소비자'의 입장에서 마케팅의 설득력이 있는지 묻는 글에 대해서 쓰고 싶어요.

교수: 그렇게 입장과 위치를 바꿔서 분석하는 이유가 있을까요?

학생: ○○○○ 친환경 마케팅이 다들 효과적이라고 생각하는 것 같은데, 과연 소비자들도 그렇게 생각하고 있는지 궁금해요. 저만 하더라도 그렇게 생각하지 않거든요. 오히려 '그린 워싱'이라고 생각되어요. 각각의 입장 차이를 파악해야지만 '친환경' 마케팅을 생태적·경제적으로 접근할 수 있을 듯해요.

교수: 네, 입장과 위치를 바꿔 비판적 질문을 해보는 연습은 좋습니다.

그런데 소비자 입장에서 판단할 근거가 충분할까요?

학생: 네, 참고할 만한 자료를 찾았습니다. 일단 확실한 통계 자료를 찾 았는데 조금 더 찾아보겠습니다.

* 면담 이후 재구성한 기록

다음은 이런 과정을 거쳐 완성된 글이다. 본인의 관심 주제 로 토픽과 문제의식을 스스로 탐색·선택했기 때문에 주제가 모 두 다르다. 「목록: 분석적 글쓰기 학생 사례」에서 보다시피 시 의성이 있는 주제인 '22대 총선' '전장연 시위' '테무 마케팅' '의 대 증원' '푸바오 반환' 등의 토픽이 선택되기도 하고, '기후 위 기' '사교육' '혐오' 등의 주제가 선택되기도 한다(목록 참조: 분석 적 글쓰기 학생 사례(제목, 2024 – 1학기), 276 – 278쪽). 또 '마블 영 화의 PC주의' '인터넷 강의와 공교육' '도서관의 장소성' '인스 타그램의 과시' 'MZ 세대의 연애관' '기후 위기와 그린피스' '야 구 중계' '지방 소멸' '국민연금' '숏폼' '과학계 인재 감소' 등 정 치, 문화, 연예, 연애, 환경, 과학, 경제, 스포츠까지 다루어지지 않는 주제가 없다. 2024년 대학생(신입생)들이 무엇을 느끼고 어떻게 생각하는지 여실하게 드러나는 글이다.

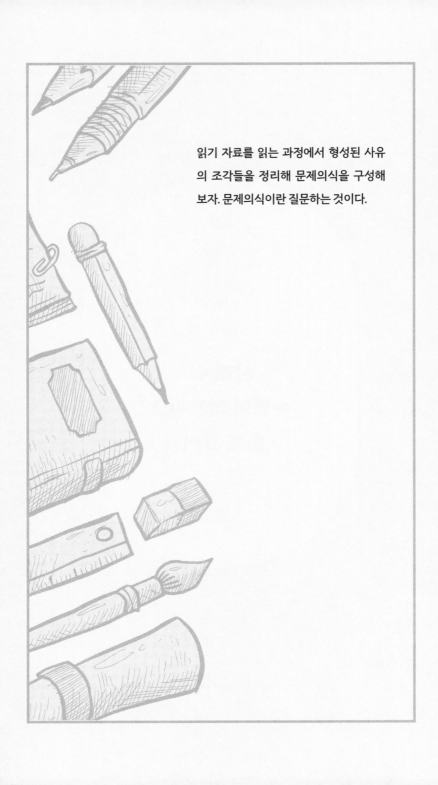

읽기 자료를 읽는 과정에서 형성된 사유의 조각들을 정리해 문제의식을 구성해 보자. 문제의식이란 질문하는 것이다.

8장

사례 4:
논평의 네트워크
-동료 튜터링

동료 튜터링은 학습자가 서로의 학습을 중재하는 탐구 기반 모델로 높은 수준의 메타인지를 강화하는 인지적 파트너십인 동시에 공론장 참여와 경험을 촉진하는 과정이다. 즉, 단순히 피드백을 주고받는 과정이 아니라 학습자들이 서로의 사고 과정을 확장하고, 비판적으로 사유하는 능력을 기르는 활동이다. 학습자는 약 7주 동안 다양한 인문사회 현상을 분석하는 글을 읽고 토론한 후 한 편의 글을 작성한 다음 동료 튜터링을 진행한다. 이때 학습자가 쓰는 글은 다양한 인문사회 현상을 분석하는 분석적 글쓰기다. 다양한 인문사회 관련 주제로 글을 쓰기 때문에 동시대 대학생들이 어떤 주제에 관심을 갖고 있는지, 어떻게 사유하는지 엿볼 수 있다.

　　정리해보면, 분석적 글쓰기는 비판적 읽기를 마친 후 진행된다. 즉, 대상, 사건, 현상, 텍스트 등에 대해 비판적으로 질문한 후 이를 논리적으로 분석하는 과정이다. 서론에서는 토픽을 정하고 문제의식을 구성한다. 본론에서는 본인이 주목한 현상의 원인을 여러 층위에서 살펴본 후(이렇게도 보고, 저렇게도 보는) 예상되는 결과가 가지는 문제점, 양상을 정리한다. 그리고 결론에서는 본인이 서론에서 던진 질문을 본론에서 어떻게 해석·분석·진단했는지 요약하면서 글 전체의 주장을 다시 한번 강조하면서 마무리한다. 이 과정에서 학생들은 단순한 의견 제시가 아니라 논리적 근거를 기반으로 사유하는 연습을 하게 된다.

과제를 위해 한 편의 글쓰기를 썼지만 자신의 생각을 가감없이 드러낸 글쓰기이기 때문에 대부분 다른 사람들의 평가를 궁금해한다. 논술처럼 정해진 답이 있는 글쓰기가 아니기 때문에 본인이 설정한 문제의식과 논리가 타당한지, 다른 사람들이 어떻게 받아들이는지 궁금해한다. 이를 위해 글쓰기를 작성한 후 '동료 튜터링'의 형식으로 다른 학생들의 글을 같이 읽고 소감을 나눈다. 동료 튜터링을 통해 학생들은 자신의 사고를 점검하고 글의 논리적 완성도를 높일 수 있다. 또한 다른 사람의 글을 읽으며 다양한 시각을 경험하고 공론장 안에서 자기 생각을 위치시키는 연습을 하게 된다.

동료 튜터링: 공론장 참여와 논평

동료 튜터링이라고 불렸지만 '튜터링'의 역할 못지않게 언어 추론, 담화 패턴 등의 부가적 학습이 가능한 인지적 파트너십 과정이기도 하다.[23] 동료 튜터링은 공유(협력 플랫폼)에 참여해 서 공감과 지지, 비판과 첨언 등의 소감을 적는 형태로 진행한 다. 상호 간 쌍방향 학습으로 진행되며 동료들의 글을 읽어가 면서 글의 완성도, 주장의 타당성, 뒷받침 문장의 적절성에 대 한 기준 등에 대한 논평을 남긴다. 동료 튜터링은 합리적인 의 사소통을 간접적으로 경험해보는 학습이다. 타인의 권리를 해 치지 않은 상태에서 누구든지 안전하게 말할 수 있는 기회와 권리를 가지는 학습 경험이다. 이를 위해 각자 자기 생각을 정 리해서 객관적으로 표현하는 연습을 해보는 것이 필요하다.

코로나19 동안 온라인 수업을 진행하며 온라인 협력툴을 활 용해보면서 여러 긍정적 효과를 얻을 수 있었다.[24] 우선 수업에 참여하는 모든 학생들이 본인 글을 '익명'으로 올리고(발행), '익명'으로 소감을 남긴다(온라인 협력툴: Padlet). 누구의 글인지, 누구의 소감인지 알 수 없다. 수업 시간에 사이트 URL을 공유 하고, 온라인 합평 활동 이후에 활동 페이지는 비공개 형태로 전환한다. 수업 시간에만 열리는 온라인 공론장이라고 보면 적 합하다. 참고로 한 사람이 약 5-6편의 글을 읽고 소감을 남기게 된다. 본인이 소감을 남길 글을 정해서 활동(댓글로 소감 남기기)을 다한 경우에는 다른 글을 자유롭게 읽을 수 있다. 또한 댓글 작성의 원칙은 과제마다 다르게 설정하기도 하지만 대개 공론장 참여의 태도를 안내한다. 타인의 생각을 존중하며 자기 생각을 전달해야 하기 때문이다. 참여 방법은 타인의 글을 다 읽은 다음 '공감과 지지'의 논평을 남기면 된다.

① 필자의 생각을 사실적으로 읽은 다음 논평한다.
② 댓글 작성 시 근거와 의견을 모두 제시한다.
③ 혐오 표현을 사용하지 않는다.

위의 3가지 기준으로 '동료 튜터링'을 진행한다. 이 튜터링의 목적은 공론장을 확장적인 형태로 경험한 후 공감하면서 의견을 주고받는 데 있다. 누구든지 자신의 의견을 적절한 형식으로 정리하고 있다면 그 의견을 솔직하게 피력할 수 있다는 사실을 경험하는 것이다. 그러기 위해서 공론장 참여의 원칙을 약속으로 정한다. 댓글을 작성할 때는 '잘 읽었습니다' '좋습니다' 등의 감상평도 나쁘지 않으나 '근거와 의견'의 구조로 작성하는 것이 더 적절하다. 소감을 남길 때조차 흥미로운 지점을 포착한 다음 이를 근거로 자신의 의견을 제시해야 한다. 주로 문제의식에 공감했던 것들에 대해 주목하는 댓글이 대부분이

익명 1 스타벅스에 가는 것을 꺼리는 이유 중 하나가 종이 빨대였는데 이 부분에 공감하는 글을 읽으니 괜히 위로가 됩니다. 친환경을 내세우지만 자신들의 이미지 메이킹에 더 초점을 둔 것이라는 분석이 참신합니다. 이와 비슷한 예로 애플이 충전기 안 주는 것도 떠오르며 새로운 탐구를 해보고 싶어지는 글이었습니다.

익명 2 스타벅스의 그린 워싱이라는 소재가 언뜻 보면 보편적이지만 막상 그 속을 풀어내기엔 막연하다고 생각합니다. 이러한 소재를 가지고 분석과 비판을 잘 해내신 것 같습니다. 소비자의 역할과 기업의 역할을 구분하며 소비자에게 책임을 얹고 이미지를 구축한 기업의 문제점을 지적한 부분이 글의 핵심을 보여준다고 생각합니다. 정책 수립에 대한 가능성을 명시한 것도 인상 깊었습니다.

익명 3 '엉터리' '실속 없는 껍데기'와 같이 강력한 어휘를 사용하셔서 그린 워싱에 대해 비판하신 것이 놀라웠습니다. 강력한 어휘 사용이었지만 해당 어휘를 통해서 스타벅스의 그린 워싱에 대한 본인의 주장을 확고하게 드러낼 수 있다는 점에서 긍정적인 효과가 있었다고 생각합니다.
(예시를 통한 뒷받침)

* 패들렛Padlet 협력 도구 활용

지만 문제의식이 부적절한 경우에는 개선안을 제안할 수 있다.

최근 학습자들은 환경 문제에 대한 관심이 높기 때문에 기업의 그린 워싱에 대한 비판이 자주 등장하는데 위의 글 역시 스타벅스의 마케팅 전략의 문제점을 분석한 글에 대한 댓글이다. 이 에세이를 읽은 학생들은 "친환경을 내세우지만 자신들의 이미지 메이킹에 더 초점을 둔 것이라는 분석이 참신" "소비자에게 책임을 얹고 이미지를 구축한 기업의 문제점을 지적한 부분이 글의 핵심" "예시를 통한 뒷받침"이 설득력의 원인이라고 댓글을 달았다. 환경, SNS, 미디어, 콘텐츠 분석에 대한 평은 대개 이와 비슷한 반응이다.

그런데 사회적으로 팽팽하게 날 선 논의가 대립된 논의를 토픽으로 한 경우에는 조금 더 주의를 기울여 댓글 내용을 확인해야 한다. 정치, 젠더 등 학생들이 '민감한' 주제라고 칭하는 주제에 대해서는 여러 상이한 의견이 공존한다. 이럴 경우 학생들은 어떻게 소감을 표현했을지 살펴보자. 2024년 1학기 자유 주제 (중간고사 대체) 글쓰기에서 「쉽게 뱉는 말, 쉽게 하는 동정, 모두 혐오가 된다: 전장연 지하철 시위를 통해 본 사회적 약자에 대한 혐오 형성과 발전 과정에 대한 비판」의 경우다.

- 공론장의 경험: 타인의 의견을 존중하되 사실적·맥락적·비판적 읽기
- 다른 의견을 경청하는 연습

▲ 학습자 간 동료 튜터링(패들렛 프로그램, 익명). 약 30여 명의 학생들이 각자 자기 글을 익명으로 올리고, 다른 학생들의 피드백을 받는 장면. 글을 올린 학생도 글을 피드백하는 학생도 '익명'. 접근 권한은 비공개로 유지되며 튜터링하는 시간에만 접속 가능. 동료 튜터링의 원칙은 공감과 지지, 수정 제안만 가능하며 의견과 근거의 구조로 작성하도록 안내.

(가) 사례 1: 공감과 지지

익명 1 부정적인 발언이 '혐오'를 중점적으로 드러낸다고 생각했는데 이 글을 통해 무분별한 동정 또한 ① 하나의 혐오 표현이 될 수 있겠다는 새로운 시각을 갖게 되었다. 또한 '난민이나 장애인 등 시혜적 동정의 대상이 거리를 좁혀 나의 일상과 생활에 영향을 미치게 되는 것을 용납할 수 없는 것이다'라는 문장을 통해 왜 동정이 혐오적인 표현이 될 수 있는지 또한 알려주어 쉽게 공감할 수 있었다.

익명 2 사회적으로 큰 영향력을 가진 정치인이 사회적 약자를 외집단으로 규정하고 혐오 발언을 일삼는 것은 저도 문제라고 생각해왔는데 그 문제를 객관적으로 분석하고 비판한 글이라고 생각합니다. ② 객관적인 자료를 인용해 읽는 사람들로 하여금 신뢰가 갈 수 있도록 한 것이 좋았습니다.

익명 3 우선 영향력이 있는 사람이 아니더라도 사회적 약자인 장애인들을 향해 혐오감을 드러내는 말을 하는 것은 부도덕하다. 더군다나 영향력이 있는 정치인이 장애인들을 향해 혐오감을 드러내는 말을 하는 것은 부도덕하다고 생각된다. 영향력이 있는 정치인이 장애인의 혐오감을 나타내는 발언을 했다는 것은 확실히 문제가 있다고 본다. 사회적 약자의 목소리에 귀를 더 기울이고 그들을 향한 비난을 줄이고 그것을 무분별하게 퍼 나르는 언론 또한 좋지 못한 행동인 것 같다.

익명 4 ③ 사회적 약자의 권리 보장은 시혜가 아닌 의무라고 생각한다. 그와 관련해서 나와 그들을 분리하는 것을 통해 정치적 이익을 얻으려 하는 정치인들의 태도에 대한 비판이 공감되었다.

익명 1 매일 2호선을 타고 등교하는 입장으로 종종 지하철 시위에 의해 지각하는 경우가 있어 매우 공감이 갔습니다. 자신들의 요구를 위해 시민들을 희생하는 시위는 안 좋다는 점에 대해 동의하고 강요된 역지사지라는 단어가 와닿았습니다. 결론 부분에 전장연의 시위가 앞으로 정당한 모습으로 목소리를 내기 위해서는 ④ 어떻게 해야 할지 작성해주시면 좋을 것 같습니다.

익명 2 자세히 알지 못했던 전장연의 시위 방식과 현황을 알 수 있었습니다. 아무리 불편을 느꼈다고 할지라도 사람들이 그 이상으로 관심을 가지거나 찾아보지 않는 것이 현실인데 이를 조사해 글로 남겨주신 점이 좋았습니다. 조금 더 깊게 아예 '테러'와 '시위'의 경계를 다루어 더 많이 생각해볼 여지를 남기거나 실제로 법을 위반하는 시위가 남긴 부정적인 영향과 ⑤ 관련된 사례가 있었다면 글이 더욱 설득력이 있었을 것 같습니다.

익명 3 잘 읽었습니다. 저도 전장연 시위로 인해 지하철을 2번 갈아타야 하는 당사자로서 필자의 의견에 공감이 됩니다. 실제로 불편함을 겪고 있기 때문입니다. 하지만 필자가 '법을 지키게 하기 위해 법을 어기는 아이러니한 상황이다'라고 말하며 '전장연 시위가 법을 어기고 있으니 잘못되었다'는 논리는 옳지 않다고 생각합니다. ⑥ 시민 불복종이라는 개념이 있습니다. 이는 국가의 법이나 정부 내지 지배 권력의 명령 등이 부당하다고 판단했을 때 이를 공개적으로 거부하는 행위입니다. 시민 불복종이 정당화되기 위한 조건에는 '최후의 수단이 되어야 한다'는 조건이 있습니다. 하지만 그것이 통하지 않으니 최후의 수단으로 지하철에서 시위를 함으로써 '정치인들이 시민들의 눈치를 보는 상황'을 만들어야 했던 것이 아닐까요? 실제로 지하철 시위를 통해 말씀하신 것처럼 권리가 일부 보장되어 성공한 사례가 있으니까요. 하지만 어디까지 전장연의 의견을 수용할 것인지에 대한 문제는 또 고민해보아야 한다고 생각합니다.

익명 4 잘 몰랐던 지하철 시위에 대해 알 수 있어 좋았습니다. 또한 안 좋은 선례가 생길 수 있다는 말에 동의합니다. 하지만 장애인의 권리 보장을 위한 시위가 대부분 비장애인이 보기에 곱지 않은 방식으로 진행되는 이유는 그렇지 않으면 관심조차 가져주지 않기 때문이라는 글을 본 적이 있고 저 역시 그 글에 동의합니다. ⑥ 그렇기 때문에 시위가 올바르지 않다고 판단하기에는 어렵다고 봅니다.

동료 튜터링은 학습자가 서로의 생각을 확장하고, 공론장 내에서 적절한 토론 태도를 익히는 과정이다. (가)와 (나)의 사례를 비교하면, 비슷한 주제임에도 불구하고 튜터링의 분위기(온도)가 다르게 형성됨을 알 수 있다.

(가)의 경우, 피드백에서 공감과 지지가 주를 이룬다. 주요 피드백 패턴을 보면 첫째, 동료 튜터링을 통해 '새로운 시각을 갖게 되었다'는 점을 강조하며 시각의 확장 경험을 공유한다. 둘째, 객관적인 자료를 인용해 신뢰성을 높였다는 점이 긍정적으로 평가된다. 셋째, 동료의 글을 요약하며 본인의 사유를 정리하는 과정이 나타난다. 즉, (가)의 경우는 동료의 글을 읽으

며 새로운 시각을 접하면서 공감과 지지를 바탕으로 피드백이 이루어진 사례로, 동료 튜터링이 학습자의 사고를 확장하는 계기가 될 수 있음을 보여준다.

반면 (나)의 경우, 같은 주제를 다루고 있음에도 피드백 방식이 다소 다르다. 주된 피드백 유형을 살펴보면 첫째, 글의 완결성을 위해 추가적인 내용(주장 보완, 객관적 사례 추가)이 필요하다는 조언이 나온다. 예를 들어 익명 1은 글쓴이의 주장에 동의하면서도 '향후 시위 방향 제시'나 '부정적 영향과 관련한 사례 추가' 등을 제안한다. 둘째, 동의할 부분을 먼저 밝힌 후 본인의 다른 견해를 조심스럽게 제시하는 방식이 나타난다. 익명 3은 동의하는 부분을 분명하게 밝힌 후 필자와 다르게 판단하는 근거를 제시하면서 "고민해보아야 한다고 생각합니다"라고 말한다. 또한 새로운 개념어('시민 불복종')를 활용해 논점을 확장하려는 시도를 보인다. 익명 4의 경우도 '공감'되는 부분을 먼저 언급한 뒤, 다르게 생각할 여지를 남기며 "-판단하기에는 어렵다고 봅니다"와 같은 완곡한 표현을 사용한다.

(가)의 경우 공감과 지지가 중심이 되었다면, (나)는 공감과 비판적 토론이 균형을 이루는 방식으로 진행되었다. 즉, (가)의 경우 공감과 지지를 중심으로 동료의 글을 수용하는 방식이었고, (나)는 비판적 읽기와 논리적 피드백을 바탕으로 주장을 보완하며 사고를 확장하는 방식이었다. (나)의 경우 주장의 타당

성을 검토하고 대안을 제시하는 피드백이 강조되었으며, 직접적인 반박보다는 조심스럽고 완곡한 표현을 활용해 논의를 이어가는 방식이 사용되었다. 이를 통해 드러나고 있는바, 익명으로 참여하는 공론장에서 의견의 차이를 좁혀가는 다양한 방식이 도모되고 있다는 것을 확인할 수 있다. 두 경우 모두 동료의 글을 단순히 평가하는 것이 아니라 글의 논리성을 점검하고, 다양한 시각을 교환하며 자기 생각을 재구성하는 기회로 삼았다. 동료 튜터링이 단순한 글쓰기 피드백을 넘어 학습자들이 사고를 발전시킨 사례로 주목할 만하다.

학생 글쓰기 사례: 분석적 글쓰기

다음은 인문사회 현상을 사실적, 비판적으로 읽고/쓰는 분석적 글쓰기다. '분석적 글쓰기'에서 중요한 것은 인문사회 현상(텍스트)을 읽는 필자의 비판적 시선이다. '왜'라는 문제의식을 가지고 현상(텍스트)을 달리 볼 수 있는 사실을 새롭게 분석해내는 것이 중요하다. 아래 제시한 3편의 글은 '텍스트힙' '과잉 능력주의' '도태라는 신조어' 등의 현상을 낯설게 읽으며 그 근저에 놓여 있는 새로운 사실을 참신하게 해석해내고 있다.

☞ 수업 시간에 제목, 요약, 핵심어, 서론-본론-결론 구조, 사실/비판적 읽기, 분석 연습을 진행한 후, 교수자 면담까지 마친 후 '과제'로 제출했다.[25]

사례 1: 텍스트힙, '텍스트'에 대한 열망인가, '힙'에 대한 열망인가

1. 서론

틱톡, 쇼츠, 릴스 등 많은 숏폼 영상들이 유행을 하고 온갖 자극적인 이미지들이 범람하는 지금, 청년들이 손에 스마트폰이 아닌 책을 들기 시작했다. '텍스트힙'이 유행이다. '텍스트힙'이란 '글자'를 뜻하는 '텍스트'와 '멋있다. 개성 있다'라는 뜻의 은어 '힙하다'를 합성한 신조어로 '독서하는 것이 멋지다'는 의미에서 등장한 말이다. 최근 들어 인스타그램 스토리 또는 게시물에 책 표지를 찍어 올리거나 책을 펼쳐 마음에 드는 구절을 찍어 올리는 것을 흔히 볼 수 있다. 많은 콘텐츠와 영상 매체들에 밀

리던 '독서'가 트렌드가 되어 일종의 문화가 되었다. 얼마 전 한강 작가의 노벨문학상 수상과 함께 독서 열풍은 더 뜨거워지면서 텍스트힙 관련 기사가 쏟아져 나오고 있다. 이러한 현상이 젊은이들의 독서 관심도를 향상할 수 있으며 출판업계에도 매우 긍정적인 결과를 가져올 것이라는 의견들이 있다. 하지만 일각에서는 단지 유행일 뿐이라면서 많은 유행들이 그랬듯 '독서 유행'이 열기를 잃고 오래가지 못할 것이며 독서에 대한 관심이 아니라 단지 과시욕을 충족시키기 위한 행위라는 의견도 있다.

2. 본론

(…) 독서 문화에서는 셀럽들을 빼놓을 수 없다. 이전부터 각종 미디어를 통해 셀럽들의 책 읽는 모습이 주목되기도 하고 그들이 읽은 책이 인기 도서가 되기도 했지만 텍스트힙 열풍과 함께 셀럽 추천 책들의 인기와 영향력이 더 커진 것으로 보인다. 셀럽은 하나의 기업이라고도 볼 수 있는데 그들의 인지도와 영향력은 일반 사람들과 분명히 다르다. 독서를 제외하더라도 유명인의 행위 그 자체는 홍보 효과를 가진다. 패션, 화장품 등 셀럽템은 큰 인기를 끈다. 독서 또한 마찬가지다. 셀럽의 홍보 효과를 이용한 실제 마케팅 사례도 있다. 인터넷서점과 중고서점을 운영하는 알라딘이 작년 말부터 올해 초 유명 프로게이머 '페이커' 선수가 읽고 추천한 책을 모아 '페이커가 읽은 책' 코너를 매장에 설치해 인기를 끌기도 했다. 교보문고 2024 상반기 결산에서는 아이돌 그룹 아이브의 장원영이 유튜브 방송에서 언급한 『마흔에 읽는 쇼펜하우어』가 판매 1위를 차지하기도 했다. 책에 셀럽 프리미엄이 붙는 셈이다.

다른 이유는 셀럽과의 연결성 형성이다. 내가 좋아하는 셀럽이 읽은 책이라 하면 관심이 생기기 마련이다. 책이 굿즈화가 되어 소장 욕구를 일으키기도 하고 셀럽의 행위를 똑같이 이행함으로써 유대감을 느낄 수 있다. 또한 셀럽이 읽은 책이라고 하면 궁금증이 생기기도 하고 자신도 그 책에서 도움과 경험을 얻고자 하는 것도 이유가 될 것이다. 읽을 책을 선택할 때 쉬운 이정표를 제공한다는 것도 셀럽 추천 책이 인기를 끄는 이유다. (…)

　이러한 독서 열풍이 언제까지 이어질지는 불분명하다. 텍스트힙 유행이 텍스트 자체에 대한 열망이 아닌 '힙'에 대한 열망을 나타내고 있는 것으로 보인다. 책을 사랑하는 사람으로서 텍스트와 독서가 가진 매력과 힘을 인정하고 이를 무시하는 건 아니지만, 지금 유행하는 텍스트힙은 보여주기식 독서라는 목소리도 크다. 독서 '인증'을 한다는 것이 가장 큰 이유다. 텍스트힙이 유행하면서 독서 토론도 이전보다 활성화되기 시작했다. 독서 토론은 책에 대한 이해의 폭과 범위를 넓혀주고 계속해서 새로운 책을 접하도록 하기 때문에 긍정적인 효과를 낳는다. 하지만 최근 독서 토론 경험마저도 인증하는 모습을 보면 '인증'에 대한 욕구가 더 강해 보인다. 한 체험 독서 클럽의 회원은 MBC와의 인터뷰에서 책을 읽는 이유에 대한 질문에 "비슷한 게 많아지다 보니까 남들과 다른 그런 이미지를 표현할 수 있는 것에서 이제 책으로 넘어오지 않았나"라고 답했다.[26] 책을 읽고 독서 클럽에 참여하는 이유가 '책' 그 자체가 아닌 개성과 힙을 추구하기 위한 것임이 드러난다. 책을 구매하거나 인증하는 사람들이 정말 그 책을 읽는지도 의문이다. 과거부터 책을 가리켜 라면 받침대라고 부르기도 했다. 책을 사기만 하고 읽지는 않는 모습을 꼬집는 단어다. 책과 관련한 인터넷, SNS 게시물도 많아졌다. 하지만 우리는 게시물 수, 해시태그 수 등 겉으로 보이는 통계만을 알 수 있기 때문에 구매자들이 정말로 책을 읽는지, 텍스트힙 유행이 지속적인 독서 소비로 이어지고 독서가 일상에 정착할지는 지켜봐야 할 것이다. (…)

3. 결론

한강 작가의 노벨문학상 수상과 함께 책에 대한 관심도와 책 소비가 이전보다 뜨겁다. 텍스트힙 유행이 독서 문화에 활력을 불어넣고 있는 것은 사실이다. 독서를 시작하는 진입 장벽을 낮추고 독서를 우리와 친숙한 문화로 받아들이게 하는 것은 매우 긍정적인 영향이다. 하지만 이러한 유행이 정말 장기적으로 독서 소비를 활성화하고 일상에 정착할지는 두고 봐야 할 것이다. 여전히 많은 사람이 다양한 이유로 책을 읽지 않는다. 텍스트힙이 아직까지는 텍스트보다는 '힙'에 치중해 있는 것처럼 보인다. 독서가 개성을 잃고 힙하지 않은 행위가 될 때, 유행은 힘을 잃고 사람들은 다른 유행을 찾아 떠날 것이다. 텍스트힙 유행이 일시적인 밴드 웨건 효과에 그치지 않고, 독서 문화를 더 많은 사람들이 진심으로 누리고 사랑하기 위해서는 많은 노력이 필요해 보인다.

−박장효(철학1)

▲ 이 글은 '텍스트힙' 현상을 '텍스트/힙'으로 분절해서 '힙'에 대한 대중들의 열망이 'SNS'와 '셀렙'을 매개로 촉발되고 있다고 비판·분석한다. 독서 문화를 소비 문화로 읽는 비판적 관점이 설득력을 얻고 있다.

사례 2: 과잉 능력주의가 수험생 커뮤니티에 나타나는 양상

1. 서론

대학 새내기 동안 사석에서 '반수'에 대한 이야기를 종종 들었다. 고등학생 때 지겹도록 들었던 입시 커뮤니티 가십은 문제적이다. 오늘날 수능 공부는 마치 놀이처럼 되어가고 있다. 입시 커뮤니티에서 마치 게임의

레벨을 비교하듯이 학벌과 그것을 이룰 수 있는 성적을 서로 비교하며 우열 가리기를 즐긴다. 입시 커뮤니티의 자료들을 재가공해 올리는 유튜버 '수험생필수템'은 '전국 꼴등 하면 가는 대학교' 등의 영상을 올렸는데 그 댓글에서 이러한 학교를 나온 사람들을 혐오하며 '능력주의'를 정당화한다. 이 글에서는 과잉 능력주의가 학생들이 입시 커뮤니티 등에서 어떠한 식으로 나타나는지 '수험생 필수템' 영상과 시청자들의 댓글을 통해 분석할 것이다.

2. 과잉 능력주의가 입시 커뮤니티에서 어떻게 나타나는가

이 글에서 '과잉 능력주의는 "능력자에 대한 우대를 넘어서 무능력자 (저능력자)에 대한 멸시와 차별을 정당화한다"라는 뜻으로 사용한다(박권일, 2016). 이러한 과잉 능력주의는 낮은 성취를 보이는 사람을 노력하지 않은 사람으로, 고능력자 혹은 좋은 성취를 얻은 자를 노력한 사람으로 정당화한다. 하지만 좋은 성취를 얻지 못한 사람이 좋은 성취를 거둔 사람보다 노력하지 않았다는 보장을 할 수 없으며, 노력을 한 사람이 노력하지 않은 사람을 멸시하고 차별할 수 있는 권한 또한 존재하지 않는다. 그럼에도 불구하고 이러한 과잉 능력주의는 특히 수험생들에게 만연해 있다. 이러한 과잉 능력주의는 정신적으로 미숙한 청소년기에 내면화되기 더 쉽다. 특히 입시 커뮤니티는 과잉 능력주의를 내면화하는 기관으로 작용하고 있다. 대표적으로는 대학교 입학 점수에 따라 더 낮은 입학 점수를 가진 학과를 무시하는 것이 당연하다는 경우다. 「한겨레」 인터뷰에서 한 학생은 '어문 계열은 왜 취미 생활을 학과 전공으로 하고 있냐?' 라는 말이나 '안성 캠퍼스의 졸업장은 쓰레기다'는 뜻에서 '안성 종자' 등의 혐오 발언들이 그러한 예시다(2014. 7. 16). 이러한 과잉 능력주의는 수험생 커뮤니티에서 크게 2가지 양상으로 나타난다.

2.1 양상 1: 담화자들의 서열 내면화

첫 번째 양상으로는 성적과 학벌에 따른 서열의 내면화가 있다. 서열의 내면화를 강화하는 것은, 이 글에서 분석할 '수험생 필수템'을 비롯한 입시 커뮤니티다. 서열의 내면화는 이를 당연하게 여기는 공론장의 분위기에서 더욱 강화된다. 민웅기는 「대학 입시와 관련한 청소년의 혐오 표현 사용에 관한 연구」에서 입시 커뮤니티 오르비에서 혐오 표현의 대상이 되는 집단이 적극적으로 반박하지 않고, 오히려 서열화에 따른 차별을 당연하게 받아들이고, 그럴듯한 학벌 자원을 얻지 못한 자신의 상황을 자조하는 식의 자기 혐오가 나타나는 것이 지배적이라는 결론을 내놓았다(2024). 또 다른 입시 커뮤니티라고 볼 수 있는 수험생 필수템의 영상 속에서도 서열을 내면화하는 모습이 나타난다. '전국 꼴등 하면 가는 대학교' 영상에서는 서울대학교를 '이름만 들어도 고개가 숙여지는 학교'라 이야기하는 등의 이러한 서열 내면화가 전제되어 있다. 하지만 댓글에서는 이러한 양상이 더욱더 뚜렷하게 나타난다. 대표적인 댓글을 몇 가지 보면, '공부 좀 잘했다 말하고 다니려면 스카이 정도는 나와야지' '공부 못하는 새끼들 말은 별로 안 듣고 싶은데ㅋㅋ' '인서울 못 한 친구들이 분투하는 이 장이 재미있구먼' 등이 있다. (…)

2.2 양상 2: 혐오 표현 정당화

두 번째 양상으로는 서열의 내면화를 기반으로 한 혐오 표현의 정당화가 있다. 'ㅇㅇ대 중국비즈니스과라는데 저게 진짜면ㅋㅋ' 라는 등의 심각한 수위의 인신공격 또한 보이고, 발화자들이 ㅇㅇ대를 안 좋은 학교로 낙인 찍는다. 그뿐만 아니라 해당 영상이 서열화를 유발한다는 비판 댓글에는 '네, 다음 ㅇㅇ대 학생'이라는 등 비꼬는 표현이 다수 발견된다. 충격적인 것은 이러한 혐오 표현들이 많은 수의 '좋아요'를 받는 등의 지지를 받는다는 사실이다. 서열에서 낮은 위치에 처해 있는 자들이 멸시와 차별을 받아도 된다고 보는 것이다. 이러한 여론을 비판하면 '네, 다음 ○○대 학생'과 같은 차별화된 서열 논리를 활용하면서 문제 제기하는 이들의 발언을 차단한다. 이러한 분위기 속에서 청소년들은 더욱더 과잉 능력주의를 내면화하기 쉬울 것이다. (…)

3. 결론

이처럼 과잉 능력주의는 수험생 커뮤니티의 주요 담론으로 2가지 양상이 서로 악순환을 반복하면서 강화된다. 과잉 능력주의로 혐오 표현을 정당화하는 것에 문제를 제기하는 사람이 적기에, 이를 접하는 수험생들은 과잉 능력주의를 내면화하기 쉽다. 과잉 능력주의 자체는 복합적 사회 문제이기에 해결하기 어려운 문제이나, 익명 커뮤니티 내 과잉 능력주의로 인한 혐오 표현을 해결하기 위한 방법으로는 혐오 표현 사용자들에게 지속적으로 문제 제기를 하며, 그들이 스스로 부끄러움을 깨닫게하는 것이다. 또한 성적과 학벌이 곧 그 사람의 훌륭함의 척도는 아님을 강조함으로써 차별 받는 이들이 낙인 효과를 겪지 않도록 해야 한다. (…)

−유제원(영문1)

▲ 이 글은 본인이 경험하고 관찰한 내용을 비판적으로 성찰하고 있다는 점에서 주목할 만하다. 특히 본인의 경험을 조금 더 객관적으로 설명하기 위해 '과잉 능력주의'를 찾아 인용한 점이 설득력을 높였다.

사례 3: '도태'의 덫에 빠진 대학생

1. 서론

　최근 대학생들이 주로 사용하는 커뮤니티(예: 에브리타임)에서 '도태남'과 '도태녀'라는 용어가 빈번하고 광범위하게 사용되고 있다. '도태'라는 용어의 의미는 환경에 적응하지 못한 개체는 생태계에서 사라진다는 생물학적 이론에 기반을 둔다. 현재 대학생들 사이에서 '도태'는 주로 어떤 '기준standard'에 미치지 못한 개인이나 집단을 일종의 '패배자'로 낙인찍는 용도로 사용되고 있다. 이러한 표현이 대학생들 사이에서 일종의 '프로파간다'로 작용하며 '특정 개인이나 집단에 대한 혐오' '외모 지상주의' '능력주의'를 극대화하는 것으로 보인다. 이번 분석에서는 통해 대학생들이 사용하는 '도태남'과 '도태녀'에 대해 보다 깊이 이해함으로써 이러한 표현이 대학생들에게 미치는 부정적 영향을 살펴보려고 한다.

　분석에 앞서 이 글에서 사용 및 분석될 주요 용어인 '도태남' '도태녀'는 주로 대학생들 사이에서 어떤 '기준'에 미치지 못한 개인을 지칭하는 용어다. (…) 분석 대상은 '서강대학교 에타' 게시글로 직접 확인해본 결과 2024년 1월부터 2024년 10월 25일까지를 기준으로 했을 때 '도태' 키워드를 포함한 게시글은 500개가 넘는다. 이는 서강대학교 학생들 사이에서 '도태남'과 '도태녀'라는 용어가 널리 사용되고 있음을 보여준다. 500개가 넘는 게시글 중 공감과 댓글이 많은(많은 관심과 화제를 불러일으킨) 게시글을 위주로 분석을 진행했다.

2. '도태남'과 '도태녀' 분석

2-1) '도태남'과 '도태녀'의 기준

　게시글 분석 과정에서 가장 빈번하게 등장한 '도태' 판단의 기준은 바로 '외모'다. 더욱 세부적으로 '키' '얼굴' '몸무게'로 구분할 수 있다. 가장 눈에 띄는 '기준'은 '남성의 키'다. 가장 많은 게시글과 댓글에서 '170이 넘지 않는 남성'이 소위 '도태남'으로 여겨지고 있다. 또한 많은 공감을 받은 게시글에서 사용된 "도태남 특징: 키 작음. 도태녀 특: 뚱뚱함"이라는 표현을 통해 '남성'의 경우 '키'가 중요한 외모적 기준이며, '여성'의 경우 '몸무게'가 키보다 더욱 중요한 외모적 기준이라는 것을 확인할 수 있다. 또한 "도태남 or 도태녀 특(특징) : 얼굴 개존못(매우 못생겼다)" 등의 표현이 자주 사용되었다는 점에서 '얼굴'은 남녀 모두에게 적용되는 중요한 외모적 기준이라는 것을 알 수 있다. 이러한 외모적 기준에서 '연애 여부' 또한 도태의 기준으로 이어지는 것으로 보인다. 소위 외모적으로 '도태'된 학생들이 '연애 경험이 없을 것이고 앞으로 하지 못할 것이다'라는 인식으로 이어지는 것이다. 실제로 "모쏠 도태남 or 도태녀" 등의 표현을 빈번하게 발견할 수 있다.

외모적 기준 다음으로 빈번하게 등장한 '도태'의 기준은 '능력'이다. 서강대학교 학생들은 '성적' '취업'을 중요한 '능력'의 척도로 삼는 것으로 보인다. 이 2가지 척도 중 가장 빈번하게 등장한 것은 '성적'이다. 주로 중간, 기말 시험 성적, 학점과 관련한 게시글이 많이 올라왔다. 이런 게시글에는 주로 "도태남 시험에서도 도태됐다" 등의 표현이 사용된다. 또한 "취업 실패한 N살 도태남"과 비슷한 내용의 게시글이 많이 올라왔다. 여기서 주목할 만한 점은 '시험 성적, 취업'과 관련해서는 '외모'와 달리 '도태남', 즉 남성과 관련한 글이 압도적으로 많다는 것이다. 이를 통해 대학교 학생들 사이에서 일반적으로 여성보다는 남성에게 더 높은 능력의 잣대를 들이댄다는 것을 확인할 수 있다.

2−2) (…)

3−1) (…)

3−2) '도태' 용어의 프로파간다적 요소

앞선 분석 1을 통해 서강대학교 학생들은 주로 '외모적 기준'과 '능력적 기준'을 통해 '도태'의 여부를 결정한다는 사실을 확인했다. 1.2에서 진행한 의미 명료화 과정에서 알 수 있듯 '도태남'과 '도태녀'는 기본적으로 특정 개인이나 집단을 '사회적 기준을 충족시키지 못한 패배자'로 낙인찍는 혐오 표현이다. 최근 사회심리학 분야에서 이러한 혐오 표현이 대학생에게 미치는 영향에 대한 연구가 활발히 진행되고 있다. 연구에 따르면 주로 온라인(SNS, 커뮤니티)을 통해 혐오 표현을 접한 대학생들은 자신도 특정 기준을 충족하지 못해 '도태'될 수 있다는 심리적 불안을 느낀다. 따라서 혐오 표현은 '과도한 경쟁'과 '공동체 내 갈등'을 증폭시키는 요인으로 작용할 수 있다(배영주, 2020). 즉, '도태남'과 '도태녀'라는 표현을 자주 접하는 대학생들은 자신도 모르는 사이 '자신'도 도태될 수 있다는 심리적 불안과 두려움을 가지며, 특정 개인이나 집단이 단지 특정 '기준'에 미치지 못한다는 이유만으로 '도태된 개인 혹은 집단'으로 여기며 그들에 대한 편견과 혐오를 가질 가능성이 크다는 것을 알 수 있다. 실제로 서강대학교 에타에 올라온 '도태' 관련 게시글들의 상당수가, '본인이 키가 작아서 or 못생겨서 or 성적이 낮아서 or 취업을 못 해서 도태되었다'라는 내용을 담고 있다. 즉, 자신이 어떤 '기준'에 충족하지 못하면 스스로를 '도태된 존재'라고 여긴다는 것이다. 동시에 '키 작고 못생겼는데 나대는 애들은 본인 도태남 or 도태녀인 거 모르나?' '도태남 or 도태녀들은 서강대 과잠 입고 다니지 마라'는 식의 내용을 담은 게시글들을 통해 '도태' 표현이 특정 개인이나 집단에 대한 혐오를 가질 가능성을 키운다는 사실을 확인할 수 있다. (…)

4. 결론

　서강대학교 '에타' 게시글 분석을 통해 '도태'의 주요한 판단 기준 2가지를 특정할 수 있었다. 이를 바탕으로 '도태' 표현이 어떤 '맥락'에서 어떤 '목적'을 가지고 사용되는지 분석해보았다. 그 결과 '도태' 표현은 대부분 '외모적 기준' 혹은 '능력적 기준'을 충족시키지 못하는 개인 혹은 집단에 대한 '혐오적 조롱'을 목적으로 사용되고 있다는 것을 확인했다. 얼핏 보기에는 '도태남' '도태녀' 'R관남' 등의 표현이 그저 대학생들 사이에서 유행하는 일종의 '밈'처럼 보일 수 있다. 하지만 이런 혐오 표현은 대학생들이 '도태'에 대한 심리적 불안감을 가지게 만들며, 이는 대학생들의 자아 존중감에 악영향을 준다. '도태'에 대한 두려움을 가진 개인이 모여 형성된 우리 사회 속에서 앞으로의 경쟁이 점점 과도화되는 것은 어쩌면 자연스러운 현상일 것이다. 동시에 많은 대학생들이 '도태' 표현을 일상적으로 사용하면서 특정 개인이나 집단을 '사회적 기준에 미치지 못한 패배자, 가치 없는 존재'로 규정하며 '프로파간다'로 활용하고 있다. 어떤 개인이나 집단이 단지 어떤 '기준'에 미치지 못한다는 이유로 그들에게 '가치 없는 존재'라는 낙인을 찍고, 혐오 섞인 조롱을 하는 것은 분명 심각한 사회적 문제다.

－박희준(심리1)

▲ 이 글은 대학 익명 커뮤니티 게시글을 분석한 것으로 '도태'를 둘러싼 혐오와 혐오 표현을 비판적으로 분석하고 있다. 익명 게시판의 사례를 분석 대상 삼아 꼼꼼하게 해석한 것이 주목할 만하다.

4부

어떻게
쓸 것인가

9장

담화 공동체와
논증적 글쓰기

대학 글쓰기에서 논증論證은 합리적인 의사소통과 논리적인 지식 생산의 기초다. 논증적 글쓰기는 주장의 정당화 과정을 논증을 통해 전개하는 것이다. 대학에서 논증을 배우는 이유는 지식 생산의 원리이자 담화 공동체에서 의견을 공유·생산·순환시키는 방법이기 때문이다. 즉, '논증적 글쓰기'는 나의 사유를 단련하는 방법인 동시에 합리적인 의사소통을 위한 글쓰기다.[1]

우선 논증을 학습하기 전에 '주장'과 '논증'의 차이를 구분하는 것이 필요하다. 수업에서 논증적 글쓰기에 대해 안내하면 학생들은 "논증적 글쓰기는 주장하는 글쓰기지요?"라고 묻곤 한다. 이는 중등 교육 과정에서 배운 내용을 토대로 한 질문이지만 논증적 글쓰기를 단순히 '주장이 있는 글쓰기'로 이해하는 것은 적절하지 않다. 논증적 글쓰기는 단순한 주장 제시가 아니라 주장의 정당화를 이유와 근거로 뒷받침해 독자를 설득하는 글쓰기다. 예를 들어 주장과 근거로 구성된 문장이라도 반드시 논증적인 것은 아니다. 설명, 협상, 혹은 선전의 글이 그러하다.

예를 들어 "집에 가야겠어. 너무 피곤해"라는 문장은 표면적으로는 주장(집에 가야겠다)과 근거(너무 피곤해)로 이루어져 있지만 이 문장이 논증이 되려면 타당한 주장과 믿을 만한 근거가 논리적으로 뒷받침되어야 한다. 만약 "갈 시간이 됐지. 오랫동안 일했잖아"라는 말의 답변으로 "응, 집에 가야겠어. 너무 피곤해"라고 한다면 이는 주장과 근거로 구성된 문장이지만 설명에 가깝다. 논증이 되려면 피로감의 근거를 구체적으로 제시하는 것이 필요하다. 예를 들어 평소에는 8시간을 일하는데 이날 따라 10시간을 일했다는 식의 서로가 합의할 수 있는 근거가 필요하다.[2]

대화 1

가: 갈 시간이 됐지. 오랫동안 일했잖아.

나: 집에 가야겠어(주장). 너무 피곤해(근거).

대화 2

가: 집에 가지 마. 이 작업에는 네가 있어야 해.

나: 집에 가야겠어(주장). 너무 피곤해(근거).[3]

논증은 단순히 주장과 근거의 나열이 아니라 공동체 내부의 약속과 맥락을 공유하며, 합리적 이유를 제시하고 이를 설득력 있게 구성하는 과정이다. 같은 문장이라도 담화 상황에 따라 논증의 성립 여부가 달라질 수 있다. 대화 1의 맥락을 살펴보면 '가'는 자신의 상황을 설명하는 담화를 하고 있으며 이에 대해 '나'는 자신의 피곤함을 강조하며 협상하려는 태도를 보인다. 반면 대화 2의 경우 '가'의 주장에 대해 '나'가 항변에 가까운 주장을 하는 담화다. 이 주장이 개인적인 의견 표현을 넘어 논증이 되기 위해서는 권리의 근거가 드러나야 한다(예: 근로기준법). 구체적인 근거가 생략된 채로 구성된 논증은 논증의 역할을 할 수 없다. 주장과 근거로 구성된 문장이지만 실제 맥락을 자세히 살펴보면 '협상'이나 '선전'인 경우도 많다. '협상'이나 '선전'은 형식적으로는 주장과 근거의 구성으로 짜여진 담화이지만 논증은 아니다. 논증이 주장의 합리성을 입증하고 설득하는 과정이라면 협상은 서로의 이해 관계를 조율하는 과정에 가깝다. 합리적이지 않은 경우에도 협상이나 조율이 가능하다.

대화 3

가: 집에 가야겠어(주장). 너무 피곤해(근거).

나: 내가 더 피곤해. 내가 더 힘든 일을 했잖아. 여하튼 둘 중 1명은 남아야 해.

'가'와 '나'는 주장과 근거로 자기 요구를 내세우고 있다. '가'와 '나' 모두 타인의 이야기를 들을 생각이 없다. 이 두 주장은 '근거'가 부족해서 논증이 불완전하게 성립된 경우다. '집에 가야겠어. 너무 피곤해'라는 말에서 '피곤하다'는 근거의 충분성을 얻지 못하는 담화다. 적어도 이 상황에서 주장을 전달하고자 했다면 일단 적절한 '전제'를 고민해야 한다. '우리 작업장은 자기 업무를 마치는 대로 퇴근할 수 있으나 모든 직원이 6시 이전에 업무를 마칠 경우 6시까지 1명은 남아야 한다. 남는 인원은 부담이 없도록 돌아가면서 하도록 한다'와 같은 전제를 확인할 필요가 있다. 만약 이런 전제가 있다면 '가'와 '나'는 전제를 확인하고 각자 그에 걸맞은 근거까지 준비해서 타당한 주장을 준비해야 할 것이다.

대화 4

가: 집에 가야겠어(주장). 너무 피곤해(근거).
나: 내가 더 피곤해. 누가 더 피곤한지 따져볼까?

위의 '가'와 '나'의 주장은 각자의 주장을 내세우고 있는 것처럼 보인다. '가'와 '나'의 주장을 살펴보면 이들의 논쟁은 결국 '피곤함'이라는 주관적 상태에 대한 구체적인 증거를 놓고 자신의 주장과 근거가 더 합당하다고 강조하는 경쟁적 대화로 진행될 가능성이 크다. 이러한 담화 상황만 놓고 보면 '가'와 '나'는 상대방의 의견을 존중하거나 경청하며 논의를 발전시키는 방식이 아니라 각자의 입장을 일방적으로 내세우며 논쟁을 유도하는 '선전'의 방식으로 대화하고 있다.

하지만 논증은 단순한 주장의 나열이 아니라 서로 설득하고 합의한 내용을 전제로 한다.[4] 즉, 논증적 글쓰기는 개인의 주장을 강화하는 것이 아니라 공동체 내에서 적절한 논거를 통해 합리적 토론을 진행하는 과정이다. 따라서 논증을 학습하기 이전에 담화 공동체에 대한 이해가 선행되어야 하는 이유가 여기에 있다. 말과 글을 통해 공동체에 참여하는 과정을 이해하지 못하면 논증은 단순한 주장 경쟁이나 선전으로 변질할 위험이 크다. 논증은 모든 문화와 국가에서 일반적으로 사용되는 방식이지만 각 담화 공동체 내부의 합의를 기반으로 형성된다는 점이 중요하다. 예를 들어 과학적 설명과 윤리적 논증, 법적 논증은 각각의 담화 공동체가 인정하는 근거와 논리 구조에 따라 다르게 작동한다. 따라서 논증적 글쓰기를 가르치기 전에 자신이 속한 담화 공동체의 전제와 가치를 이해하는 과정이 필수적이다.

아울러 나의 생각과 주장이 독립적으로 존재하는 것이 아니라 담화 공동체를 통해 가능하게 되었다는 인식이 필요하다. 즉, 기존의 연구, 사회적 가치, 보편적인 논리 구조 등의 기반

위에서 논증이 형성된다는 점을 이해해야 한다. 즉, 논증이 효과적으로 작동하기 위해서는 주장과 근거, 예시를 연결할 수 있는 사실이나 가치에 대한 합의(전제)가 필수적이다. 이러한 전제가 마련되지 않은 상태에서는 논증이 성립되기 어렵고, 단순한 의견 대립이나 감정적 논쟁으로 변질될 가능성이 크다.

주장-전제-이유(근거)-예시

주장: 대학생의 문해력을 높이기 위해 다양한 읽기 수업을 개설해야 한다.

전제: 문해력이 향상되면 학업 성취도가 높아진다.

이유(근거): 읽기 수업은 학생들에게 효과적인 독해 전략과 비판적 사고 능력을 배양하는 데 도움을 준다. 문해력은 단순히 텍스트를 읽는 것에 그치지 않고, 정보를 이해하고 분석하며 종합하는 능력까지 포함한다.

예시: ① ○○○ 연구에 따르면 읽기 수업을 통해 학생들은 다양한 텍스트를 읽고 해석하는 능력을 개선할 수 있다. 예를 들어 다양한 장르의 글을 접하고 분석하는 과정은 비판적 사고와 이해도를 높이는 데 기여한다는 연구 결과가 있다. 실제로 ② 시카고 대학에서는 몇몇 대학에서는 읽기 중심의 커리큘럼을 채택해 학생들의 문해력과 비판적 사고 능력을 개선하고 있다.

우선 전제는 문장 속에서 참이라고 인정되는 명제이자 공동체 내부에서 공유되는 인식이다. 예를 들어 "문해력이 향상되면 학업 성취도가 높아진다"는 문장은 '대학생의 문해력'을 논하는 담화 공동체에서 널리 받아들여지는 전제일 가능성이 크다. 만약 이 전제가 대학 내부에서 여전히 유효한 가치라면 해당 전제를 바탕으로 논증을 전개할 수 있다. 하지만 만약 이 전제가 더 이상 의미 있는 인식으로 인정되지 않는다면 담화 공동체 내에서 수용될 수 있는 새로운 전제를 찾아야 한다. 어떤 주장의 근간이 되는 명제가 전제다. '전제'는 공동체 내부에서 공유하는 가치로서 만약 이와 같은 전제가 대학 내부에서 여전히 통용된다면 이 '전제'를 통해 논증이 가능해진다. 공동체 내부에서 공유하고 있는 가치를 확인하면서 주장을 말하기 때문에 '전제'를 확인하는 것만으로 주장의 힘이 생긴다. '전제'가 반복적 관행 이상이 되지 못하는 상황이라면 담화 공동체 안에서 공유될 수 있는 전제를 모색하는 편이 필요하다.

주장은 논점이 분명해야 하며 기존의 사실이나 정책을 단순히 재확인하는 것이 아니라 논의할 가치가 있는 쟁점을 포함해야 한다. 예를 들어 '대학 도서관은 학술 도서를 조금 더 확충해야 한다'라는 주장은 표현만 놓고 보면 '주장'으로 보이지만 쟁점이 불분명하다. 얼마나 더 확충해야 하는지 도서관 예산을 확대하자는 말인지 아니면 책의 종류에 대한 것인지 그 기준이 불분명하다. 이 명제가 주장이 되기 위해서는 논점이 분명하게 드러나야 한다. 다른 경우를 생각해보자. '대학 도서관은 휴학 중인 학생에게 도서관 이용을 허가해야 한다'는 주장도 부적절하다. 이미 시행되고 있는 제도이기 때문에 논쟁의 여지가 없는 의견이다. 논증적 글쓰기를 하기 위한 주장, 전제, 근거, 예시 등의 기준을 정리해보았다.

주장

① 쟁점이 분명해야 한다(논쟁이 가능한가)
② 필요한 주장인가
③ 주장(해법)의 현실성이 있는가

전제

① 공동체 내부에서 공유되는 전제인가
② 지금도 이 전제가 여전히 유효하거나 필요한가
③ 주장과 이유를 포괄할 수 있는 전제인가

이유(근거)

① 이유가 논리적인가

② 이유가 전제와 부합하는가

③ 이유가 주장을 전달하는 데 필요한가

예시

① 예시가 정확한가

② 예시가 충분한가

③ 최신의 사례인가

할 때는 공동체 내부에서 공유될 수 있는 가치와 인식을 전제로 설정하고, 논쟁이 가능한 주장을 명확히 하며 이를 뒷받침할 논리적 이유와 실증적 예시를 확보하는 과정이 필수적이다. 이를 위한 원칙은 다음과 같다.

첫째, 논증적 글쓰기는 전제, 쟁점, 이유(근거)와 예시 등의 개념과 원리를 익혀 증명의 과정을 단계적으로 밟는 것이 필요하다.

AI의 위험성을 고려해 AI의 사용을 자제해야 한다. 왜냐하면 AI는 현재 인터넷에 있는 수많은 정보들을 수집해 얻은 정보를 바탕으로 의사결정을 하는데, 인터넷에 있는 수많은 정보가 잘못된 정보일 수도 있기 때문이다.

위의 사례에서 'AI의 위험성을 고려해 AI의 사용을 자제해야 한다'는 주장은 주장의 형태를 띠고 있지만 구체적인 근거가 부족한 단순 '의견' 수준에 가깝다. 논증적 주장이 되려면 왜 AI가 어떤 방식으로 사용을 자제해야 하는지, 사용을 자제하는 것이 현실적으로 가능한지 등을 명확하게 논증해야 한다. 예를 들어 '인터넷에 있는 수많은 정보가 잘못된 정보일 수 있다'는 이유를 제시한다면 어떤 부분에서 잘못된 정보가 생성되고 유통되는지, 그 과정이 어떻게 이루어지는지 등을 구체적으로 지적해야 한다. 만약 이 부분을 특정하지 못한다면 단순한 주관적 신념에 머물 가능성이 크다. 따라서 알고리즘, 확증 편향, 필터 버블 등의 개념을 활용해 AI가 허위 정보를 어떻게 강화하는지 구조적으로 설명할 수 있어야 한다.

둘째, 주장을 준비하는 과정에서 논의 맥락을 충분히 검토해야 한다. 주장과 근거를 둘러싼 기존 논의를 탐색하는 과정이 필수적이다. 하늘 아래 새로운 것은 없듯 특정 주제를 다룰 때 해당 분야에서 이미 진행된 연구와 논의를 충분히 검토해야 한다. 그렇지 않으면, 기존 논의에서 반복적으로 제기된 문제를 단순히 다시 다루는 데 그치거나, 논의의 필요성을 충분히 설명하지 못해 서론에서부터 설득력이 떨어질 수 있다. 수업에서는 문헌 검토와 자료 탐색 등의 과정을 거치면서 학습자들이 논증을 준비하는 방법을 익힌다. 문헌 검토는 넓은 범위에서 시작해서 좁은 범위로 점점 초점을 맞추는 방식이 효과적이다.

셋째, 논증적 글쓰기에서 근거는 주장을 정당화하는 핵심 요소다. 왜 이런 주장이 가능한지, 자기 언어로 그 이유를 설명하자. 주장과 근거를 작성한 다음 각각의 개념을 충분히 패러프레이즈paraphrase(바꾸어 표현하기)하는 것이 필요하다.

> 인공지능이 쓴 문학 작품도 문학적 가치를 가질 수 있다고 생각한 근거는 인간이 쓴 문학 작품과 인공지능의 작품이 만들어지는 과정과 결과물이 비슷하기 때문이다.

위의 경우 '인공지능이 쓴 문학 작품도 문학적 가치를 가질 수 있다'는 주장은 '인간의 쓴 문학 작품이 만들어지는 결과물이 비슷하다'라는 이유처럼 보이는 2개의 문장이 결합되어 논리를 발생시키고 있다. 이 문장에서 '-때문이다'라고 표현하고 있어서 마치 근거를 제시하는 것처럼 보이지만 실제 내용을 살펴보면 앞의 문장을 패러프레이즈한 문장이다. 인간의 '창작'과 인공지능의 '생성'이 '결과물'로서 같은지 진술한 문장으로 또 다른 근거가 필요한 문장이다. 인공지능과 인간의 생성·생산 행위, 그 결과물이 과연 동질적인지 아닌지 조금 더 자세한 논의가 필요하다.

넷째, 주장은 본인의 문장으로 제시해야 한다. 다른 사람의 주장을 인용하는 것은 필요하지만 주장 자체를 '인용' 형식으로 짜깁기해서 구성하면 글쓰기 윤리에 위배된다. 특정 주제의 초심자가 학술적 글쓰기의 방식을 충분히 익히지 않은 상태에서 기존 문헌과 자료에 압도되어 한 단락 전체를 기존 연구의 요약이나 편집된 문장으로만 구성한 경우가 있다. 이 경우 주장이나 문제의식이 드러나지 않기 때문에 글의 논증적 가치가 떨어진다. 더 나아가 인용 형식으로 표현되었더라도 기존 주장을 그대로 가져와 자신의 주장처럼 사용하면 아이디어 도용이 된다. 따라서 문헌 검토와 자료 조사를 통해 기존 주장과 다른 지점을 찾아내고 이를 바탕으로 본인의 생각을 정리하도록 하자.[5]

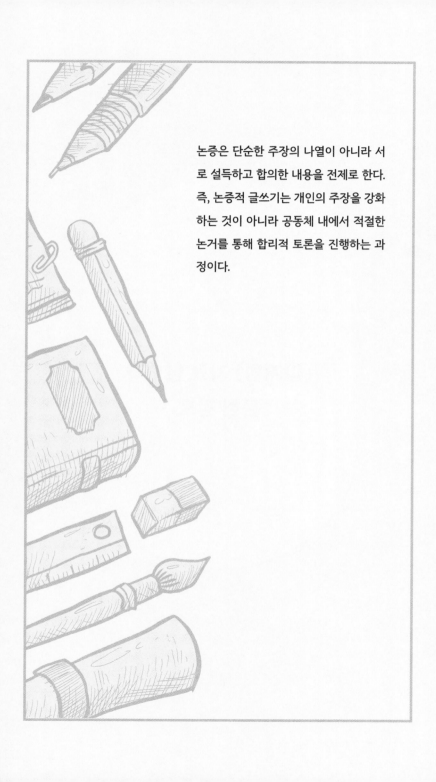

논증은 단순한 주장의 나열이 아니라 서로 설득하고 합의한 내용을 전제로 한다. 즉, 논증적 글쓰기는 개인의 주장을 강화하는 것이 아니라 공동체 내에서 적절한 논거를 통해 합리적 토론을 진행하는 과정이다.

10장

(디지털) 자료 탐색과
문헌 검토

대학의 논증적 글쓰기에서 '주장'보다 중요한 것은 자료 찾기와 문헌 검토다. 타당한 주장을 적절하게 제시하려면 각종 자료를 탐색하고 조사하며 이를 체계적으로 아카이빙하는 방법을 익히는 것이 필수적이다. 이러한 과정은 단순히 정보를 모으는 것에 그치는 것이 아니라 자료를 분류하고 분석하면서 새로운 지식을 생산하는 과정에 참여하는 '커먼즈Commons 활동(학술 지식의 공공성, 이를 나누는 활동)'의 일부로 이해될 수 있다. 논증적 글쓰기는 단순한 의견 개진이 아니라 믿을 만한 자료를 선별해 논리적으로 다루는 역량이 핵심이다. 따라서 논증적 글쓰기 수업에서는 다양한 학습 자료를 탐색하고 활용하는 과정을 중심으로 진행해야 한다. 특히 논증적 글쓰기는 다른 쓰기 유형에 비해 자료 탐색과 문헌 검토 과정이 필수적이며 이를 세밀하게 다루지 않으면 글의 논리적 타당성이 크게 떨어진다. 예를 들어 논증적 글쓰기에서 객관적 근거 없이 개인적인 의견만으로 주장을 펼치는 경우 글쓰기의 신뢰도를 확보하기 어렵다.

또한 학술적 글쓰기와 논증적 글쓰기를 평가할 때도 자료 탐색과 문헌 검토 과정을 얼마나 충실히 수행했는지가 중요한 평가 기준이 된다. 학술적 글쓰기에서는 단순한 사실 나열이 아니라 기존 연구의 맥락 속에서 필자의 주장을 위치시키고 논증을 강화하는 것이 필수적이기 때문이다. 따라서 논증적 글쓰기를 준비하는 과정에서 문헌 검토를 철저히 하고 기존 연구와 자료를 비판적으로 분석하며, 주장을 뒷받침할 수 있는 근거를 신중하게 선택하는 것이 무엇보다 중요하다. 신뢰할 수 있는 자료를 효과적으로 활용하는 능력은 대학에서 논증적 글쓰기를 수행하는 데 가장 핵심 역량이다.

논증적 글쓰기: 신뢰성 있는 출처 자료 탐색, 문헌 탐색 과정이 중요

첫째, 학습자는 다양한 자료를 검색할 수 있는 디지털 리터러시 역량을 갖추어야 한다.[6] 디지털 리터러시 역량이 중요한 이유는 논증적 글쓰기에서 단행본, 학술 논문, 통계 자료, 외국

신문, 전자책, 잡지 등의 다양한 학술 자원을 연결해 활용하는 능력이 필수적이기 때문이다. 이러한 통합적인 학술 자원 활용 능력이 있어야 논증의 신뢰도를 높일 수 있다. 디지털 자료를 효과적으로 검색하고 활용하기 위해서는 다양한 학술 사이트 와 데이터베이스를 탐색할 수 있어야 한다. 대학 도서관을 통해서만 접근할 수 있는 전자 정보도 있지만 무료로 접근할 수 있는 오픈 액세스Open Access 자료도 많다. 학술 논문의 경우 KCI(kci.go.kr), RISS(riss.kr), KISTI(kisti.re.kr)에서는 오픈 액세스 논문을 접할 수 있다.[7]

둘째, 자료를 검색한 후 동료들과 함께 문헌 검토를 수행하는 과정을 거쳐보자. 이 과정에서는 요약, 발제, 비판적 읽기를 통해 자료의 적합성을 검토하고 공유하며 축적하는 활동이 이루어진다. 이는 앞서 언급한 바 있는 '커먼즈' 방식과 연결된다.[8] 커먼즈란, '정보'를 수집하고 정리하는 것을 넘어서 학습자들이 이를 공유하며 공동으로 탐구하는 과정 자체에 초점을 맞추는 지식 생산 활동이다. 즉, 단순한 정보 축적이 아니라 이를 함께 검토하고 발전시키며 의미를 생성하는 '커머닝Commoning' 과정을 포함한다.[9] 학술 지식은 인류가 집적해놓은 공통의 자원이며, 이것은 단순한 데이터 축적이 아니라 지속적인 해석과 논의를 통해 현재에도 끊임없이 재생산된다. 학술 자료는 개인이 독점하는 것이 아니라 학술 공동체가 공유하고 확장하는 공공재로 이해해야 한다. 최근에는 '디지털 커먼즈Digital Commons'라는 개념을 통해 빅데이터를 공공 자원으로 사유하면서, 이를 집합시키는 자유로운 협업과 공유 활동까지 중요하게 사유하고 있다. 이는 전통적인 지식 공유 방식과 달리 인터넷을 기반으로 한 개방적이고 협력적인 학술 생태계를 가정하는 것이다. 일단 디지털 커먼즈의 핵심은 지식의 '인클로저Enclosure'(사유화)를 방지하고 정보와 학술 자원을 자유롭게 협력·공유할 수 있는 환경을 조성하는 것이다. 따라서 학습자들은 단순히 자료를 검색하고 활용하는 것에서 그치는 것이 아니라 이러한 정보를 어떻게 함께 공유하고 확장할 수 있을지 고민하는 과정을 함께 경험하는 것이다.[10]

글쓰기에서 자료 찾기를 '요리' 과정에 비유한다면 '좋은 재료를 구입해서 손질하는 일'에 해당한다. 좋은 음식을 만들기 위해 제일 먼저 해야 할 일은 적합한 재료를 구입하고 손질하는 것이다. 요리에 처음 입문하는 사람들은 재료를 어디에서 구입해야 하는지 일반 슈퍼에서 사면 되는지 난감해한다. 예를 들어 각종 레시피에 호박 100그램이라고 표시되어 있어도 막상 슈퍼마켓이나 시장에 가보면 호박의 종류를 정확하게 알아야만 구입할 수 있는 것과 마찬가지다.

몇 년 전 수업에서 '개천에서 용 난다'라는 주제로 찬반 입장을 나누어 짧은 글을 쓰는 활동을 진행한 적이 있다. 논제가 정해져 있었기 때문에 학생들은 주장을 보완하고 근거할 수 있는 자료를 찾아 활용해야 했다. 자료의 유형은 단행본, 논문, 보고서, 기사, 칼럼, 통계, 인터뷰 등이었으며, 수업 시간에는 대표 자료 2개를 준비해 사용할 수 있도록 했다. 글쓰기 직전에 학생들에게 찬반 의견을 물어보니 30명의 학생 중 29명이 '개천에서 용 나지 않는다'는 입장이었다. 이런 상황에서 학생들의 글쓰기 결과는 어땠을까? 일단 적합한 자료를 잘 찾아 준비한 학생들의 글이 압도적으로 설득력이 높았다. 글의 완성도를 결정짓는 핵심 요소 중 하나가 적절한 자료 선택과 활용 능력이라는 점이 분명하게 드러난 사례였다. '검색어' 사용의 차이가 글의 질을 가르는 중요한 요소였다.

자료를 잘 찾은 학생들은 '교육 격차' '사회 이동성' '능력주의 비판' 등의 키워드를 사용해 탐색했다. 그렇지 않은 학생들은 '서울대' '가난' '성공' 등의 직관적인 키워드로 검색했다. '서울대' '가난' '성공'과 같은 키워드를 사용한 학생들은 마인드맵 과정에서 단순 연상된 단어들을 그대로 검색어로 활용한 경우였다. 즉, '개천에서 용 난다'라는 문장을 곱씹으며 떠오른 단어들을 검색어로 입력한 것이다. 이 경우 검색 결과로 나오는 자료가 주제를 논증하는 데 크게 기여하지 못했다.

반면 적절한 자료를 찾은 학생들은 검색어를 정교화하는 과정을 거쳤다. 처음에는 직관적으로 키워드를 설정했더라도 검색 결과를 검토하면서 점차 더 학술적인 개념(예: 교육 격차, 사회 이동성, 능력주의 문제 등)으로 발전시켰다. 즉, 자료 탐색을 반복하면서 자기 생각을 지속적으로 보완하고 확장했으며 그 과정에서 적합한 검색어를 찾은 것이다. 이 사례는 비판적 읽기와 논증적 글쓰기에서 자료 탐색 과정의 중요성을 보여준다. 적절한 키워드 설정과 학술적인 개념을 반영한 검색어 활용이 자료의 질을 결정하고 결국 글의 설득력을 높이는 핵심 요소라는 점을 확인할 수 있었다.

자료 찾기는 주제 선정, 집필 – 분석 및 해석(주장) 과정, 퇴고 단계에서 반복적으로 수행하는 활동이다. 자료 찾기는 단순히 집필 과정에서 참고할 만한 보조 자료를 수집하는 데 그치는 것이 아니라 글쓰기 전반에서 자기 생각을 성찰하고 보완하는 순환적이고 반복적인 과정이다. 1차 '자료 찾기'는 주제의 확장을 위한 배경지식 학습에 가깝다. 주제 탐색 과정에서의 자료 찾기는 배경지식을 습득하고 연구 동향을 파악하는 것에 가깝다. 주제를 보다 깊이 이해하기 위해 여러 연구 결과를 비교·대조하는 과정을 거친다. 이 단계에서는 마인드맵이나 키워드 추출을 통해 관련 개념을 검색하며 자료를 수집하는데, 처음에는 직관적인 검색어로 시작하지만 여러 번 검색하면서 점차 학술적인 주제어(개념어)로 발전된다. 이렇게 검색어를 정교화하는 과정에서 자료의 질도 향상된다. 2차 자료 찾기는 집필 및 논증

강화를 위한 탐색 활동이다. 집필 단계에서의 자료 찾기는 구체적인 주장을 보완하고 논증의 신뢰성을 높이는 과정이다. 이 단계에서는 타인의 연구 결과를 직접적으로 참고하고 인용하는 활동이 포함된다. 즉, 본인이 주장하는 바를 뒷받침할 수 있는 객관적 근거를 탐색하고, 논증의 타당성을 높이기 위해 보다 구체적인 사례와 연구 자료를 수집한다. 이 과정에서 학술 논문, 보고서, 신뢰할 수 있는 데이터베이스 등을 적극적으로 활용해야 한다. 마지막 퇴고 과정에서의 자료 찾기는 인용과 참조의 정확성을 검토하는 절차다. 논문이나 학술적 글쓰기에서 출처 표기의 정확성, 참고 문헌 정리, 주석 표기 등을 점검하는 과정이 포함된다. 또한 본인의 주장과 근거가 논리적으로 적절한지 마지막 점검을 위해 추가 자료를 확인하기도 한다.

- 자료 찾기 1단계(개요) : 주제의 확장을 위한 기초 조사
- 자료 찾기 2단계(집필) : 논증 강화를 위한 근거와 예시 탐색
- 자료 찾기 3단계(퇴고) : 인용과 참조의 정확성을 위한 검토

　자료를 찾는 방법은 다양하다. 일반적으로 가장 먼저 활용하는 방법은 포털 검색을 이용해서 기사, 칼럼, 블로그 등을 찾는 것이다. 이는 특정 이슈나 논점이 어떻게 논의되고 있는지를

파악하는 데 유용하지만 정보의 신뢰성을 반드시 검토해야 한다. 뉴스 기사의 경우 언론사의 성향과 기사의 작성 시점을 확인하고 서로 다른 입장의 자료를 비교하며 읽어야 한다. 보다 신뢰할 수 있는 자료를 찾기 위해서는 학술 논문 검색 사이트를 활용하는 것이 필수적이다. 국내 자료의 경우 KCI(한국 학술지 인용 색인), RISS(학술 연구 정보 서비스), DBpia, KISS 등을 활용할 수 있으며, 해외 자료는 Google Scholar, JSTOR, Pub-MedAcademic Research Database 등을 이용하면 된다. 논문을 검색할 때는 연구자의 시각과 논문의 핵심어를 분석하며 참고 문헌을 활용해 추가적인 자료를 찾는 것이 효과적이다. 공공 기관 및 정부 보고서도 중요한 자료가 될 수 있다. 국가 통계 및 보고서는 특정 이슈를 객관적으로 분석하는 데 유용하다. 통계청, KOSIS(국가 통계 포털) 등의 자료를 활용하면 양질의 데이터를 확보할 수 있다. 또한 각 정부 부처나 연구 기관에서 발행하는 정책 보고서를 활용하면 특정 주제에 대한 공신력 있는 정보를 얻을 수 있다. 단행본 역시 자료 탐색 과정에서 중요한 역할을 한다. 디지털 자료 중심으로 연구하는 경향이 강해지면서 단행본 인용이 줄어드는 경향이 있지만 심층적인 연구를 위해서는 단행본을 적극적으로 활용할 필요가 있다. 대학 도서관의 검색 시스템을 이용해 관련 서적을 찾아보고, 전자책과 오프라인 도서를 병행해 활용하는 것이 바람직하다.

자료 검색의 정확성을 높이기 위해 검색어 조합 기법을 활용하는 것도 좋은 방법이다. "AND" "OR" "NOT" 등의 부울리언 연산자를 사용하면 보다 정교한 검색이 가능하다. 예를 들어 "교육 격차 AND 소득 수준"으로 검색하면 2개의 키워드가 동시에 포함된 자료를 찾을 수 있으며 "사회 이동성 OR 계층 사다리"를 검색하면 2개의 단어가 포함된 모든 자료를 함께 확인할 수 있다. 또한 논문과 단행본의 참고 문헌 목록을 활용해 추가적인 자료를 확보하는 것도 효과적인 전략이다. 도서관 사서 상담을 활용하는 것도 유용한 방법이다. 대학 도서관에서는 연구 주제와 관련된 자료를 추천해주는 서비스를 제공하기도 하며, 특정한 연구 분야에서 신뢰할 수 있는 자료를 찾는 데 도움을 받을 수 있다. 도서관을 활용하면 보다 체계적으로 자료를 탐색할 수 있으며 검색 과정에서 놓칠 수 있는 핵심 자료를 확보할 가능성도 커진다. 자료 찾기는 단순한 정보 검색이 아니라 연구의 기초를 다지는 핵심 과정이다. 효과적인 자료 검색을 위해서는 검색어를 지속적으로 발전시키고, 신뢰할 수 있는 출처를 선별하며 다양한 관점을 비교 검토하는 것이 필수적이다. 이러한 과정을 거쳐 자료를 확보하고 분석하면 논증적 글쓰기의 설득력을 높일 수 있으며 보다 심층적인 연구가 가능해진다.

　예를 들어 도서관 홈페이지에서 '인공지능'을 검색하면 수천 건의 자료가 나오며 논문 검색 사이트에서도 유사한 결과를 확인할 수 있다. 자료 검색이 익숙하지 않은 학생들은 검색 결과의 상위 몇 개 논문과 보고서를 빠르게 훑어보고 이를 바탕으로 아이디어를 정리하는 경우가 많다. 이는 알고리즘이 제공하는 검색 결과를 무비판적으로 수용하는 방식으로, 필요한 정보를 선별적으로 취합하지 못할 수 있다. 효과적인 자료 검색을 위해서는 방대한 자료를 체계적으로 필터링하고 분류하는 전략이 필요하다.

대부분의 자료는 넓은 범위에서 점차 좁혀가는 방식으로 탐색하는 것이 바람직하다. 앞서 언급한 것처럼 1개의 키워드만 입력하기보다는 2개 이상의 키워드를 조합해서 검색하는 것이 보다 정확한 자료를 찾는 데 도움이 된다. 또한 특정 기간을 설정해 '발간 연도'를 제한 검색하면 최신 연구 동향을 반영할 수 있다. 예를 들어 최근 5년간 출판된 논문만 검색하도록 설정하면 보다 시의성 있는 자료를 확보할 수 있다.

학문 주제를 특정해 검색하는 것도 효과적인 방법이다. '인공지능'이라는 키워드는 다양한 학문 분야에서 연구되기 때문에 검색 범위를 '컴퓨터공학' '윤리학' '사회학' '경제학' 등으로 제한하면 보다 적절한 자료를 찾을 수 있다. 예를 들어 '인공지능 AND 노동 시장'으로 검색하면 AI가 노동 시장에 미치는 영향을 분석한 경제학적 연구를 찾을 수 있으며 '인공지능 AND 의료'로 검색하면 AI가 의료 시스템에서 어떻게 활용되는지에 대한 연구를 탐색할 수 있다. 이처럼 검색어를 조정하면 특정 주제에 대한 심층적인 연구 자료를 보다 효과적으로 확보할 수 있다.

자료 검색의 효율성을 높이기 위해 '제한 검색'을 활용하는 것도 중요하다. '제한 검색'이란 특정 조건을 설정해 검색 결과를 필터링하는 방식으로, 검색어 조합 외에도 논문 유형(리뷰 논문, 실증 연구, 사례 연구 등), 저자, 저널, 출판 기관 등을 기준으로 자료를 선별할 수 있다. 예를 들어 특정 저널에서 발표된 논문만 검색하거나 특정 연구자의 논문만 확인하는 것도 가능하다. 이러한 과정을 거치면 방대한 자료 속에서 본인의 연구에 필요한 핵심 자료를 보다 신속하게 찾을 수 있다.

① 검색 시스템은 '대학 도서관' '공공 도서관' 'RISS' 추천(단행본, 논문, 보고서 동시 검색)
② 주제 전반에 대한 종합적 이해(단행본 참고)
③ 논문 검색의 경우 필터링('제한 검색')
④ 신문 기사의 경우 취재 여부 등 확인(출처의 신뢰성 확인)

이를 정리해보면 첫째, 검색 시스템을 활용할 때는 상용 포털(구글, 네이버)보다 대학 도서관이나 공공 도서관의 검색 시스템을 이용하는 것이 바람직하다. 만약 이미 특정 분야에 대한 연구사나 지식의 배치를 어느 정도 파악하고 있다면 구글 등의 포털 검색이 더 효율적일 수 있다. 하지만 일반적으로 각 분야의 전문가가 아니라면 보다 체계적인 자료 검색이 가능한 도서관 검색 툴을 활용하는 편이 적절하다. 대학 도서관과 공공 도서관의 검색 시스템은 단행본, 학술 논문, 학위 논문, 보고서, 전자 정보 등을 동시에 제공하며, 정보가 분류된 상태로 제시되므로 자료를 체계적으로 탐색하기에 용이하다.

즉, 도서관 검색 시스템은 단행본과 정책 보고서, 학술 논문과 학위 논문을 종합적으로 검색해주기 때문에 주제를 포괄적으로 이해하기에 적합하다. 일례로 정책 보고서의 경우 지식(이론)과 현실 연관성에 집중해서 특정 이슈를 다루는 경우가 많기 때문에 정책, 제도, 현황 등을 두루 살피기에 좋다. 자료 찾기에 익숙하지 않은 경우 단행본, 보고서, 학위 논문, 학술 논문 등을 제목만이라도 훑어보는 것이 필요하다. '논문'만 보게 되면 '눈감고 코끼리를 만지는' 우를 범하기 십상이다.

- 대학 및 공공 도서관 검색: 단행본, 학위 논문, 학술 논문 등으로 검토
- 단행본의 경우 교양서·학술서로 지식의 포괄적·전문적 안내
- 정책(연구) 보고서의 경우 이론과 현실 접목
- 연구 논문 및 리뷰 논문: 독창적 연구와 기존 연구 고찰

둘째, 지식의 종합적·포괄적 배치를 이해하기 위해서는 단행본을 참고하는 것이 좋다. 앞서 언급한 것처럼 교양서 단행본이든 학술서 단행본이든 정보를 통합적·포괄적으로 살피기에 적합하다. 하지만 코로나19 이후 학생들의 참고 문헌 목록에서 단행본을 찾아보기 어려워졌다. 기말 과제의 경우 단행본, 논문, 보고서, 기사, 칼럼, 통계 등 최소 3개 이상의 자료 유형을 활용하도록 안내하지만 학생들은 논문, 기사, 칼럼, 통계를 주로 선호하는 경향을 보인다. 수업 시간에 자료 유형별 탐색 방법을 실습하고 각 자료가 글쓰기 과정에서 어떤 역할을 할 수 있는지 경험하도록 유도하지만 여전히 단행본을 검색하는 비율은 낮다. 자료 찾기 수업을 받기 전까지 대부분의 학생들은 '자료 유형' 자체에 대한 관심이 크지 않다. 따라서 각각의 자료 유형이 지닌 특성을 이해하고 이를 활용하는 것이 필요하다. 특히 본인이 쓰고자 하는 주제에 대한 정보나 이해도가 낮은 상태에서 자료를 찾는 경우에는 논문과 기사에만 의존하기보다 다양한 자료 유형을 고르게 참고하는 것이 바람직하다.

셋째, 논문 검색의 경우 제한 검색을 권한다. 물론 제한 검색을 할 수 있다는 것은 주제 범위, 분야, 토픽 등을 어느 정도 알고 있는 경우다. 예를 들어 '인공지능'과 관련해서 한 편의 에세이를 써야 할 경우 학문 분야를 '인문학'으로 할 것인지 '사회과학'으로 할 것인지 정도만 특정해도 조금 더 한정된 범위 안에서 결과를 확인할 수 있다. 또 '인공지능'의 경우에는 연구 성과가 빠르게 집적되는 분야이기 때문에 최근 3년 혹은 5년 이내로 제한 검색을 하라고 안내하기도 한다.[11] 검색 연산자를 이해하는 경우에도 도움이 된다. 도서관 검색 연산자로 'AND, OR, NOT'이 있는데 일반적으로 가장 많이 쓰는 경우는 앞의 2개다. AND 연산자는 2개의 검색어가 모두 포함된 경우를 뜻하고 OR은 2개의 검색어중 하나만 포함하더라도 결과를 얻을 수 있는 경우에 속한다. NOT은 'NOT' 뒤에 있는 검색어가 포함된 경우를 제외한다는 뜻이다. 검색어를 1개만 넣기보다 2개를 넣을 경우 조금 더 한정된 범위 안에서 자료를 검토할 수 있다.

넷째, 신문 기사를 활용할 때는 동일한 정보가 여러 곳에서 검색될 경우 신뢰할 만한 출처인지 확인하는 것이 중요하다. 학생들이 손쉽게 접할 수 있는 자료 유형 중 하나가 신문 기사인데 기사는 주로 최근 동향과 이슈를 확인하고 사건과 사고의 사실적 보도를 제공하는 역할을 한다. 하지만 언론사가 많아지면서 동일한 기사가 유사한 형태로 여러 매체에서 반복적으로 보도되는 경우가 많다. 따라서 원출처를 확인하고 이를 기준으로 신뢰도를 평가하는 것이 필요하다. 예를 들어 2023년 3월 노엄 촘스키가 「뉴욕타임스」에 기고한 챗GPT 관련 글이 국내 여러 언론사에 의해 요약되어 보도된 사례를 들 수 있다. 이처럼 2차, 3차 보도를 인용할 경우에는 반드시 원출처를 직접 확인해 인용하는 것이 적절하다. 신문이든 유튜브이든 직접 취재를 통해 확보한 1차 자료가 신뢰성이 더 높다. 따라서 기사에서 인용한 원문이 있다면 이를 직접 찾아보는 노력이 필요하다.

또한 여러 정보를 교차 검증하는 태도가 중요하다. 유튜브, 블로그, SNS, 신문 기사 등 다양한 정보를 접하더라도 무비판적으로 수용하기보다는 취재 과정이 있었는지, 출처(채널)의 신뢰도가 높은지, 해당 매체가 유사한 주제를 다룰 때 어떤 방식으로 접근했는지를 살펴야 한다. 특히 특정한 이슈를 둘러싼 논쟁이 있는 경우라면 한쪽 시각에만 의존하지 않고 반대 입장이나 다양한 관점을 포함하는 자료를 찾아 비교하는 것이 필요하다.

최근에는 웹 기반의 디지털 문서가 늘어나면서 전문적인 정보 검색을 위한 특강을 수업 시간에 겸하고 있다. 매 학기 서강대학교 로욜라도서관 사서를 초대해 '도서관 활용 – 학술 DB 활용'과 관련한 특강을 개최한다. 신입생 중심의 특강이기 때문에 도서관에 대한 기본 설명 외에 학술 데이터베이스 등의 구체적 정보를 익힌다.[12] 이를테면 '서지 도구 관리 및 표절 예방 프로그램 사용'에 관한 프로그램인 RefWorks, Endnote를 접하면서 활용법을 배운다. 정보량이 늘어나면서 대학생들도 인용 문헌을 수기로 작성하기보다 '서지 관리 도구'를 활용하는 경우가 많다. 대학마다 차이는 있지만 대부분 1 – 2개의 프로그램을 사용한다. 표절 예방 프로그램인 Turnitin, CopyKiller 사용도 마찬가지다. 현재 대학이나 학회 모두 표절률 검사를 필수적으로 하고 있다. 학생들 역시 본인 과제와 글쓰기에서 표절된 부분이 어디인지 확인할 수 있다. 물론 적절하게 인용 표기를 할 경우 표절률은 10퍼센트를 넘지 않는다. 개인 경험을 적은 에세이의 경우에는 0퍼센트인 경우도 많다. 표절률은 6개의 어절이 연속적으로 일치했을 경우 표절로 계산하기 때문이다. 6개의 어절 배열이 일치하는데 인용, 주석 처리가 없는 경우 '표절률'로 집계된다.[13]

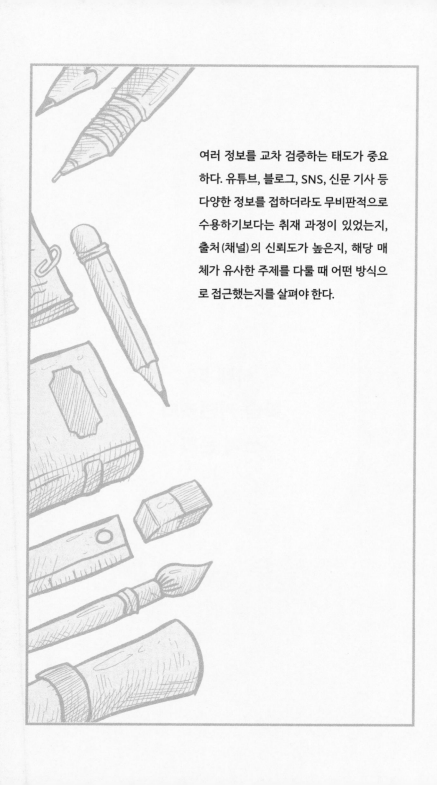

여러 정보를 교차 검증하는 태도가 중요
하다. 유튜브, 블로그, SNS, 신문 기사 등
다양한 정보를 접하더라도 무비판적으로
수용하기보다는 취재 과정이 있었는지,
출처(채널)의 신뢰도가 높은지, 해당 매
체가 유사한 주제를 다룰 때 어떤 방식으
로 접근했는지를 살펴야 한다.

11장

사례 5:
학습 커먼즈와
쓰기 윤리

논증적 쓰기는 자료 찾기와 문헌 검토에서 시작된다. 학습자는 자신의 주장을 정당화하기 위해 관련 문헌을 검토하면서 이를 근거로 주제를 구성한다. 구글 스칼라 첫 화면에 나오는 "거인의 어깨에 올라서서 더 넓은 세상을 바라보라"는 문장은 연구 성과의 집적을 비유적으로 표현한 것이다. 이는 한 개인의 사유가 기존 연구 성과와 지식 체계 속에서 형성된다는 사실을 비유적으로 언급한 것이다.

자료 찾기의 원칙은 지식의 배치를 종합적으로 이해한 다음에 구체적인 정보를 찾는 것이다. 하지만 개별 학습자가 이러한 과정을 이상적으로 수행하는 것은 쉽지 않다. 대학의 전공 수업에서도 이러한 학습이 쉽게 이루어지기는 어렵다. 그렇다면 어떻게 해야 할까? 교수자가 개념의 계보와 연구의 흐름을 설명해줄 수 있지만 이것만으로 모든 학습을 완전히 충족할 수는 없다. 학습자가 특정 지식의 종합적 이해가 필요할 경우 시도해볼 만한 것은 학습 커먼즈 활동이다. '학습 커먼즈'의 사례로는 협업 환경을 강조하면서 지식의 공공성을 강조한 도서관 등의 방식이 대표적이다. 수업에서 이를 적용할 경우 다양한 인터페이스를 통해 자료 공유 등의 협업을 촉진할 수 있는 여건과 조건을 활용하면서 학습하는 것이다.[14]

학습 커먼즈는 표면적으로는 협력 학습, 조별 과제, 프로젝트 학습과 유사하지만 그 핵심에는 학습자 간의 협업을 통해 지식의 공유와 축적, 관리와 생성 등 지식의 공공성을 수행하는 것이 핵심이다.[15] 예를 들어 학습자들이 교실에서 만나 논문을 함께 읽고 정리하면서 이를 웹상에서 공유하거나 정리하는 활동, 여기에서 더 나아가 여러 조가 다양한 인터페이스를 통해 아카이빙한 자료를 연결하는 것으로도 확장될 수 있다. 이러한 과정에서 학습자는 자신의 연구 주제를 발전시키는 동시에 다른 학습자와 협력해 보다 풍부한 학문적 논의를 형성할 수 있다.

사례 1단계:
주제별 읽기 자료 검토(교수자-학습자)

1단계에서는 교수자가 읽기 자료를 중심으로 기초 지식을 전달한다. 예를 들어 'AI'를 주제로 논증적 글쓰기를 한다고 가정하면 1단계에서는 데이터, 플랫폼, 인공지능 등의 하위 주제로 단행본과 논문, 영화 등을 보면서 이러저러한 사유를 익히고 배운다.

예시	읽기 자료 2(책의 일부)[16]
데이터	• 유튜브, 플랫폼 제국의 판타스마고리아(이동연) • 데이터 사회 비판(이광석) • 21세기를 위한 21가지 제언(유발 하라리) • 알고리즘 인류(콘텐츠)
사이보그 포스트휴먼	• 사이보그가 되다(김초엽·김원영) • 해러웨이 선언문: 인간과 동물과 사이보그에 대한 전복적 사유(도나 해러웨이) • 포스트휴먼(로지 브라이도티) • 1984(영화)
인공지능 플랫폼	• 챗GPT 앞뒤로 던지는 질문들…'사실·성찰' 없다(천현득) • 감시 자본주의 시대(쇼샤나 주보프) • 구글 신은 모든 것을 알고 있다(정하웅) • HER(영화)

사례 2단계: 자료 찾기와 문헌 검토
(학습자-학습자)

2단계에서는 서로 다른 각도에서 논의된 3개의 글을 공유한 후, 각자가 흥미를 느끼는 소주제(분야)를 선택해 조별 활동을 진행한다. 예를 들어 AI를 주제로 심화 연구를 진행한다고 가정하면 인문학, 사회과학, 과학 기술의 영역으로 조를 나눌 수 있다. 각 조에서는 다양한 자료를 탐색하며 적절한 문헌을 선정하고, 이를 읽고 발제하며 토론을 진행한다. 또한 각 조에서는 중간중간 검색 키워드와 참고할 만한 유용한 자료를 공유해 협업의 질을 높인다.

- 자발적 기여를 통한 공론장(사회적 협동을 통한 참여)
- 발표와 토론을 통한 의견 나눔(공통의 이해와 몫)
- 조별, 전체 공유 모두 웹 기반 협업툴 활용

이 과정이 바로 학습 커먼즈에 해당한다. 넓게 보면 사회적 협동에 근거해 지식의 공공성을 경험하는 과정이고, 수업 방법론으로 좁혀 생각해보면 기술적·공간적 연결을 통해 지식의 공유를 경험한 학습 방법이 된다. 조별로 차이는 있겠지만 학생들은 논의의 깊이를 더하기 위해 함께 문헌을 검토하는 과정이 중요하다. 즉, 자료를 찾고 발제하며 요약하고, 이를 공유하면서 다양한 관점을 탐색하는 것이다. 이 과정에서 학습자들은 단행본, 논문, 통계, 기사, 칼럼 등 다양한 자료 유형을 필수적으로 검토해야 하며, 온라인 및 오프라인 자료, 디지털 학술 데이터베이스 등을 포함헤 폭넓은 자료를 활용한다. 이처럼 다양한 자료를 읽어나가면서 각 자료를 요약하거나 핵심 개념을 정리하고 자료 간의 공통점과 차이점을 비교하면서 보다 심층적인 이해를 도모한다. 또한 조별로 탐색한 자료는 지속적으로 공유되므로 각 조에서 어떤 논문을 검토하고 토론하고 있는지를 전체적으로 파악할 수 있다.

사례 3단계: 각 입장별 발제와 발표, 질의 응답 (학습자-학습자)

조별로 추천 자료를 선정해 발표한 후 다른 입장을 가진 조원들에게 질문을 받고 반론에 대비하는 과정을 진행한다. 학습자들은 각자 자신만의 입장을 가지고 있기 때문에 특정 관점에서 자료를 분석하며 질문을 던지게 된다. 논의의 깊이에 따라 단순한 자료 추천을 넘어서 본인들의 입장을 정리·발표하는 단계로 발전하기도 한다. 질문 내용은 어느 정도 예상 가능한 범주에 속하지만 질문의 문장을 자세히 살펴보면 학습자들이 자신의 근거를 기반으로 질문을 구성하고 있음을 알 수 있다. 이는 각자가 특정한 입장에서 자료를 읽고 해석했기 때문이다. 즉, 학습자들은 자신이 지지하는 관점을 뒷받침할 수 있는 자료를 선별하고 이를 논리적으로 해석하는 과정을 거친다. 이러한 활동을 통해 학생들은 비판적 사고력을 키우고, 상대방의 논리를 검토하면서 자신의 논거를 더욱 정교하게 다듬을 수 있다.

- 질문의 태도 : 발표자의 의견을 요약한 후 질문 : 이해와 경청
- 질문의 방법 : 주장과 근거(의견과 근거)로 발표 : 합리적 의사 표현
- 반복된 토론을 통한 공론 생성

AI를 인문과학 관점에서 주장한 발표 – 질문(질의 응답 사례)

① '인공지능은 인간을 완전히 대체할 수 없다'라는 주장을 '인간의 창의성'의 구체적 근거를 통해 설명해주셨습니다. 하지만 인공지능의 현재 단점에만 집중해 장점은 상대적으로 저평가된다는 느낌을 받았습니다. 인공지능의 가장 뛰어난 점은 딥러닝 기술에 기반한 엄청난 속도의 학습 능력입니다. 이는 그 어떤 분야에서도 인간의 능력 이상에서 활용될 수 있는 능

력이죠. 인공지능이 인간을 대체하고자 한다면 인간과 동일한 능력을 가지고 있어야 할 필요가 있을까요? 아이폰이 기존의 피처폰을 대체하기 위해서는 기존의 피처폰이 가지고 있는 특징들을 버렸습니다. 100년 전만 해도 아마 제가 농업 지식이 없었다면 살아남기 어려웠을 것입니다. 지금은 그렇지 않죠. 마찬가지로 인공지능은 인간이 아니고, 근거로 말씀 주신 여러 능력들에 관심 없고 잘 하지 못하는 대신, 기존 인간의 능력을 아득히 뛰어넘는 속도의 학습 능력을 바탕으로 인간을 대체할 수 있는 것 아닐까요? 창의성, 자유 의지와 같은 속성이 인간의 능력을 대변할 수 있는 속성으로서 훗날에도 작용될 것이라는 주장에 근거가 될까요?

② '인공지능은 사실 확인 능력을 가지지 않기에, 사실 확인을 위한 비판적 사고력을 지닌 인간의 역할이 필요하다'라고 주장하셨습니다. 하지만 저는 인공지능 또한 정해진 알고리즘과 수학적 공식에 따라 여러 데이터를 수집하고 그 과정에서 불필요하거나 신뢰성이 낮은 자료를 분별해낼 수 있기에 사실 확인 능력을 지닌다고 볼 수 있다고 생각합니다. 또한 인간은 주관적 감정과 이익이 있기에 오히려 사실 확인에 이러한 요소들이 영향을 줄 수 있다고 생각합니다. 그렇다면 0조는 왜 이러한 사실에도 불구하고 인공지능이 사실 확인 능력이 인간

에 비해 부족하다고 생각하는지 다시 한번 듣고 싶습니다.[17]

AI를 사회과학 관점에서 읽은 발표에 대한 질문

① 미시적인 일자리 매칭의 문제 부분은 굉장히 인상 깊게 들었습니다. 하지만 일자리 감소와 실업의 문제에서 사람들의 일자리가 인공지능에 의해 대체되는 것은 생산 과정에서 인공지능의 비용이 더 낮기 때문입니다. 더 낮은 생산 비용은 시장 가격의 하락으로 이어질 것입니다. 이전보다 낮은 시장 가격으로 재화가 공급된다면 소비자들에게는 이득이 되는 것이기 때문에 이런 일자리 감소와 실업의 문제를 단순한 문제점으로만 봐서는 안 된다고 생각합니다. 인공지능에 의한 구조 조정과 실업자들의 직업 훈련에 관한 제도를 제정해 실업 상태를 해소한다면 오히려 경제 전반이 발전할 수도 있는 기회가 될 수 있다고 생각합니다. 이에 대해서는 어떻게 생각하시는지 해결 방안이 있으신지 궁금합니다.

② 기회 격차, 운영 격차, 활용 격차 등 사회적 불평등은 AI의 등장 이전에도 인간의 역사 속에서 계속 존재해왔습니다. AI의 등장으로 이러한 격차들이 더 커지는 면도 있겠지만 이전에는 자료 검색에 어려움을 겪었던 대학생들이 챗GPT의 등장으로 인해 보다 더 다양한 자료를 접할 기회가 생기는 등 인

맥, 자원 부족으로 인해 생긴 사회적 불평등을 좁혀주는 면도 있다고 생각합니다. 이러한 효과들에 대해서는 어떻게 생각하시는지, 이런 효과들을 전부 고려하고도 AI가 사회적 불평등을 심화시킨다는 결론이 나온 것인지 궁금합니다.

AI를 기술과학 관점에서 읽은 발표에 대한 질문

① 취약 계층에도 인공지능이나 챗봇을 도입하면 의료 정보를 제공할 수 있어서 의료 불평등을 해소할 수 있다고 설명해주셨습니다. 그런데 저는 정말 의료 불평등을 해소할 수 있을지 의문이 들었습니다. 취약 계층, 특히 빈곤국에는 인터넷 자체가 보급이 잘 되지 않는 것으로 알고 있습니다. 그리고 인터넷이 보급이 되었더라도 인터넷을 활용하는 능력은 일반적인 사람들에 비해 매우 낮습니다. 따라서 인터넷조차 활용하기 쉽지 않은데 인터넷을 활용한 챗봇을 사용하기가 어려울 수 있다고 유추할 수 있습니다. 그렇다면 과연 취약 계층이 일반적인 사람들처럼 챗봇이나 인공지능을 활용한 진료를 받을 수 있을까요? 의료 불평등을 해결하는 실질적인 방법이 인공지능의 도입으로 볼 수 있다고 생각하시는지 궁금합니다.

② 시장 조사에 챗GPT를 사용한다고 하셨는데 챗GPT는 정보를 실시간으로 업데이트하는 것이 아니라 과거의 데이터를

기반으로 답변을 생성하는 것으로 알고 있습니다. 그런데 과거의 정보를 가지고 현재의 시장 트렌드를 조사하는 것이 어느 정도 의미가 있는 것인지 질문드리고 싶습니다.

4단계: 쓰기 단계(학습자)
-논제, 쟁점, 전제, 주장, 이유, 근거

반론에 대응하는 토론까지 마친 다음에는 각자 본인의 생각을 정리해본다. 글쓰기 전에 논제, 쟁점, 전제, 주장, 근거, 예시 등의 개념을 명확하게 이해하고 확인해야 한다. 이러한 개념을 정리한 후 논제를 설명할 수 있는 내적 동기, 학습자의 경험과 관찰로 시작된 논의 배경을 준비해보자. 서론에서 논제의 논의 배경을 설명하는 내용으로 개인의 경험과 관찰에 기반한 이야기를 전개하는 것이다. 학습자가 자신의 문제의식을 구체화하면 논증적 글쓰기의 설득력이 높아진다. 또한 개인적인 경험과 사회적 현상을 연결하는 과정을 통해 논제의 의미를 더욱 깊이 탐구할 수 있다.

논증적 글쓰기에서 개인적 경험을 써도 될까? 객관적이고 논리적인 글쓰기에서 개인적 경험은 객관적 사실에 근거하지 않은 사견이기 때문에 배제해야 할까? 많은 학습자가 논증적

논제: 찬반, 긍정/부정의 형식으로 논의 필요성이 있는 주제

사례 1: 생성형 AI가 자율적으로 생성·쓰기를 할 수 있는가
사례 2: AI 알고리즘은 언론 환경에서 편익을 위한 도구인가, 편향을 촉발하는 기술인가

쟁점: 찬반, 긍정/부정으로 입장이 나뉘는 다툼점

만약, 논제 사례 1의 경우라면
사례 1: 창의성과 자율성의 정의
사례 2: 책임과 의도의 문제

전제: 주장의 바탕이 되는 기본 개념으로 주장의 기본적인 틀을 제공

사례 1: 글쓰기에서 저자성은 독창적 아이디어로 글 전체의 사유를 표현하는 능력에 기반한다
사례 2: 가족과 친구는 개인의 정체성과 사회적 성장을 촉진하는 관계다

주장: 논쟁 가능해야 하고 근거가 뒷받침될 수 있는 의견

사례 1: 생성형 AI는 글쓰기 저자가 될 수 없다
사례 2: 생성형 AI는 글쓰기 저자가 될 수 있다

근거: 주장을 뒷받침하고 정당화하는 논리

사례 1: AI는 인간이 입력한 데이터와 학습된 패턴을 기반으로 텍스트를 생성할 뿐 남들과 구별되는 아이디어를 구성하거나 표현할 수 없다
사례 2: 데이터 기반 학습을 통해 인간이 상상하기 어려운 독특한 서사, 문체, 아이디어를 도출하기 때문에 기술적 창의성의 한 형태로 해석될 수 있다

예시 : 근거를 구체화하고 뒷받침함

각종 통계와 구체적인 데이터

글쓰기를 어려워하는 이유는 이를 지식 생산을 위한 권위 있는 글쓰기 장르로만 인식하고 글을 쓰기 전에 본인의 생각을 검열하면서 어떤 내용이 객관적인지 판단하려 하기 때문이다. 최근에는 문제의식을 설정하는 단계에서부터 학습자들이 직접 보고 경험한 것을 연결해서 쓰도록 안내하고 있다. 카머는 논증적 글쓰기의 논증 도식을 비판적으로 검토하면서, 학습자가 이 글쓰기를 통해 자기 목소리를 낼 수 있어야 한다고 말한다.[18] 논증적 글쓰기가 단순히 이성적이고 합리적인 말하기의 형식이 아니라 '나'의 목소리를 세우고 말의 권위를 형성하는 과정이기 때문이다. 따라서 학습자는 자신의 주장을 논리적으로 전개하면서도 본인의 시각을 유지하는 것이 중요하다. 논증적 글

논증적 글쓰기 안내

① 논의 배경(동기 부여) : 개인의 관찰, 경험으로 시작하자

② 구체적 분석 : 독창적 시선과 치밀한 분석

③ 신뢰할 만한 출처, 구체적 근거

④ 적절한 문장과 독창적 표현

쓰기를 통해 자신이 말하고자 하는 바를 충분한 근거를 통해 전달해보자.

12장

사례 6:
글쓰기센터 튜터링
-첨삭과 피드백

AI 시대에도 첨삭이 필요할까. 생성형 인공지능의 결과물을 살펴보면 '환각'과 '오류'가 부분적으로 내재되어 있더라도 비문이나 오문의 가능성은 적다. 특히 맞춤법과 표준어 준수를 프롬프트에 포함했다면 문장의 형식적 오류는 더욱 줄어든다. 이에 반해 학습자(필자)가 전달하고자 하는 추상적인 개념이 정리되지 않아 의도한 주제가 명확하게 전달되지 못할 가능성은 더 커지게 된다. 이러한 점에서 '첨삭'의 수준과 단계를 세분화해 접근할 필요가 있다.

'첨삭添削'은 말 그대로 원래 문장에서 불필요한 부분을 빼거나 필요한 요소를 추가해 문장을 더 나은 형태로 수정하는 것을 의미한다. 첨삭은 정도의 차이는 있지만 주로 문장 수준에서 맞춤법, 비문, 오문을 수정하는 데 집중한다. 글쓰기에서 첨삭의 중요성은 아무리 강조해도 부족하지 않다.

영미권 대학의 글쓰기센터에서는 학생들에게 '문장 첨삭' 도구를 적극적으로 활용할 것을 권장한다. 웹에서 타이핑할 때 자동으로 맞춤법을 검사하는 기능과 유사하지만 'Grammarly'와 같은 도구는 단순한 표현 수정 이상의 역할을 한다. 문법적 오류를 교정하는 것은 물론, 문장의 명확성과 논리성을 높이는 방향으로 작동한다. AI 시대에도 문장 자체의 오류보다 맥락에 맞는 표현과 논리적 흐름을 다듬는 첨삭이 더욱 중요해지는 이유가 여기에 있다.

다만 '첨삭'은 문법적 오류를 수정하는 것에서 더 나아간다. '첨삭'은 엄밀히 말해 '고쳐쓰기' 과정의 일부분이다.[19] '첨삭'이 완성된 원고의 일부를 더하거나 빼는 행위라면 고쳐쓰기는 원고를 다시 쓰는 행위까지 포함하는 것이다.[20] 대부분의 사람들은 글을 완성하는 순간에 글의 결점이 보이는 아이러니를 경험한다.

첨삭은 퇴고 과정의 일부분이다. 퇴고는 단순한 수정이 아니라 주제, 형식, 표현까지 포함하는 적극적이고 능동적인 고쳐쓰기 과정이다. 퇴고를 통해 필자는 자신이 전달하고자 하는 주제가 입체적으로 부각되고 있는지, 문장 표현이 어색하지 않은지, 인용과 주석 표기에서 누락된 부분이 없는지 등을 점검하면서 글의 완결성을 높인다. 많이 고칠수록 더 나은 글이 될 가능성이 크다.

작가마다 퇴고 방식은 다르지만 대부분의 작가들은 문장 첨삭에 많은 공을 들인다. 첨삭 과정에서 문법적 오류는 생성형 AI 도구나 문법 교정기를 활용해 수정할 수도 있지만 이는 첨삭의 일부에 불과하다. 중요한 것은 자신의 글을 객관적으로 살필 수 있는 능력이다. 이 능력이 없다면 퇴고는 성공적으로 이루어지기 어렵다. 이 때문에 글쓰기 학습자는 대부분 교수나 튜터의 추가적인 피드백을 필요로 한다. 글 전체를 조망하면서 주제 전달의 적절성, 형식적 완결성, 인용과 주석의 윤리적 수행 여부를 점검하는 과정은 별도의 피드백이 요구된다.

첨삭 사례 1은 글을 객관적으로 검토하는 피드백의 사례다. '우리는 현재 매일매일 업로드 되는 새로운 데이터들의 홍수 속에서 살고 있다'는 문장을 첨삭하며 '간결한 문장'이 조금 더 적합할 것이라고 제안한다.[21] 수식 어구를 줄이면서 주제를 부각하기 위한 제안이다. 짐작건대 이 문장은 주제 환기를 위한 배경 설명 정도의 역할을 하기 때문에 간결하게 제시하는 편이 더 낫다고 본 것이다. 문법적 오류를 지적하는 것은 아니지만 단락에서 중심 문장에 조금 더 초점을 두는 방식을 제안한 것이고, 수식 어구를 덜어내는 간결한 문장 형태를 대안으로 선보인 것이다. 이는 '메모 3'에서 단락의 중심 사유가 무엇인지 안내하는 것으로 나아간다. '미디어 자체보다는 알고리즘에 초점을 맞추는 편'이 더 낫다고 피드백한다. 이와 같은 지적은 글의 논점을 분명하게 한다. 아마도 학습자는 글쓰기의 필요성을 강조하며 '민주주의적' 소통 원리를 강조하고자 한 것으로 보인다. 다만 글 전체의 키워드가 부각되지 않은 상태에서 '민주주의'와 같은 추상적 대의만 강조하다 보니 글의 논점이 불분명해진 경우다. 학습자는 서론에서 문제의식을 전달하려는 목적에 집중한 나머지 핵심어 제시를 놓친 것인데 튜터가 피드백 과정에서 '핵심어'를 부각하라고 안내한다.

이는 글쓰기 과정에서 자주 나타나는 실수다. 서론-본론-결론 구조로 글을 처음 쓰는 학습자는 서론에서 '논의 배경' '문제의식' '필요성 제시' 등의 항목을 떠올리지만 정작 자신의 문제의식을 핵심어로 명확히 제시하지 못하는 경우가 많다. 이는 글을 쓸 때 필자가 내용을 포함했다고 생각하지만 실제로는 핵심이 분명하게 드러나지 않는 경우다. 이러한 실수는 본인이 퇴고하는 과정에서 쉽게 발견하기 어렵다. 글을 메타적으로 평가할 수 있는 동료, 튜터, 교수의 피드백이 필요한 이유가 바로 여기에 있다.

첨삭 사례 2는 전문적인 글쓰기 지식을 갖춘 튜터나 교수의 피드백이 필요한 사례다. 이 글은 대학 1학년 학생이 웹소설을 분석한 글의 서론 부분이다. 학습자는 서브 컬처의 파급력과 대중성을 배경으로 제시하고, 리첼렌 작가의 두 작품을 분석 대상으로 선정한다. 하지만 튜터는 '과연 분석 대상이 적절한 가?'라는 피드백을 남기며 '분석 대상의 적절성'을 검토할 필요가 있음을 지적한다. 학습자는 분석 대상을 정해 분석적 글쓰기를 시도하려 했을 가능성이 크지만 분석 대상이 '대체역사소설의 역사 인식'을 논하기에 적절한지에 대한 고민이 부족했을 수 있다.

이러한 피드백은 선배, 튜터, 교수와 같은 경험이 있는 독자가 제공할 수 있는 중요한 조언이다. 분석 대상을 선정하는 과정은 학습자에게도 어려운 일이며, 본인이 이미 분석 대상을 인지하고 있다 해도 첨삭 단계에서 이를 객관적으로 검토하는 것은 쉽지 않다. 다만 아래 첨삭에서 보이듯 글쓰기센터의 첨삭 단계를 세분화하고, 다양한 학습 자원과 도구를 활용해 해결 방안을 모색하는 것도 하나의 방법이 될 수 있다. 첨삭은 단순히 문법적 오류를 수정하는 것이 아니라 글의 논리적 구조와 문제의식을 보다 명확하게 다듬는 과정임을 기억해야 한다.

▲ 2023-2학기 글쓰기센터 첨삭 사례 1

▲ 2023-2학기 글쓰기센터 첨삭 사례 2

학생 글쓰기 사례: 논증적 글쓰기

다음은 2024년 2학기 논증적 글쓰기를 '시험' 형식으로 '교실'에서 작성한 것이다. 이 글쓰기는 민주적 공론장 혹은 학문 공동체에서 지켜져야 하는 논증의 요건과 태도를 익히는 것을 목적으로 한다. 특히 주장과 근거를 둘러싼 논의 맥락의 중요성을 강조하며 문헌 검토에 초점을 맞추었다. 이를 위해 'AI'를 토픽으로 시험 전 약 6차시 동안 문헌 검토, 자료 검토(학습 커먼즈 활동), 쟁점과 전제 설정, 논제 확정, 찬반 질의 응답(반론 대응), 주석 작성 등을 사전에 학습한 상태에서 작성했다.[22]

※ 시험 시간은 총 70분이며 준비물은 참고 자료 6-8개까지 가능하다. 문항은 총 4개다. 1번 문항은 서론에 해당하며, '경험과 관찰'로 시작해 주장의 '전제'를 명시하고 '쟁점'이 분명히 드러나는 문제 제기를 하시오(700자). 2번 문항은 찬반으로 쟁점을 '분류'하고, 본인의 주장을 뒷받침할 수 있는 참조 연구를 '비교' 관점에서 정리하시오(1,000자). 3번 문항은 자신의 주장을 '근거'와 '예시'를 통해 정당화하시오(1,000자). 4번 문항은 논의의 내용을 '요약'하고 참고 자료를 '외각주' 형태로 정리하시오(1,000자).

사례 1: 생성형 AI를 저자로 볼 수 있는가

얼마 전 올해 초 일본에서 가장 권위 있는 문학 작품상으로 알려진 아쿠타가와상 수상작으로 생성형 인공지능이 작품 전체 분량의 약 5퍼센트를 창작한『도쿄도 동정탑』이 선정되었다(박상현, 2024). 이는 머지않은 미래에 생성형 인공지능이 인간의 도움을 전혀 받지 않은 문학 작품이 문학 작품상에 오를 수 있음을 보여준다. 이런 맥락에서 생성형 인공지능을 저자로서 인정할 수 있는지 논의해보려고 한다. 문학에서 창작은 인간의 공감을 불러일으킬 수 있어야 하며 창작된 작품들이 독자들에게 이질감 없이 수용될 수 있어야 한다. 하지만 생성형 인공지능이 만든 문학 작품은 인간의 삶을 직접적으로 체험하지 못하기 때문에 인간 작가의 감성과 공감의 수준을 따라가기에는 한계가 있다.

생성형 인공지능을 저자로서 인정할 수 있는지에 대한 논의는 크게 2가지 입장으로 나타난다. 첫째, 생성형 인공지능이 만든 문학도 인간의 공감을 불러일으킬 수 있으며 독자들에게 이질감 없이 수용될 가능성이 있으므로 창작의 주체로 볼 수 있다는 입장이 있다. 특히 시문학의 경우에서 이와 같은 특징이 도드라지게 나타남을 주장한다. 이 종류의 문학을 감상하는 사람들은 '저자'와 '주체'를 오가며 읽게 된다고 한다. 사람들이 작품을 읽을 때 저자가 인간인 것에 대해 중요성을 부여하기는 하나, 만약 작품 내부에서 구현된 주체의 '감정'이 인간의 감정을 동요하기에 충분하면 작품 내부의 '주체'의 중요성이 '저자'가 누구인지에 대한 중요성이 더 커진다는 견해다(유가은, 2024: 106–108).

또한 생성형 인공지능은 기존의 인간 저자가 문학 작품에서 구현해냈던 '감성'의 수준에 따라갈 수 없으며 작품의 전반적인 완성도가 떨어지는 측면과 신뢰성의 부족으로 사람들에게 이질감을 형성하므로 저자로서는 인정할 수 없다는 견해가 있다. 2가지 논의가 모두 가능하지만 문학 작품을 통해 독자들이 체험하게 되는 '공감'과 '감성'의 중요성과 생성형 인공지능이 아직은 정보 처리에 더 큰 역량을 발휘하고 있다는 점에서 두 번째 논의가 조금 더 설득력 있다. 이 논의도 크게 2가지 관점으로 나뉜다. 첫째, 생성형 인공지능은 체험적 진솔성의 결여라는 문제점을 가지고 있으므로 인간이 공감할 만한 문학 창작물을 만들어내기에는 한계가 있으므로 저자로 인정할 수 없다는 견해가 있다는 것(이형권, 2024: 191), 즉 인간의 삶을 직접적으로 체험하지 못하는 것의 한계로 인해 깊이 있는 공감을 할 수 없다는 것이다. (⋯)

지금까지 생성형 인공지능을 문학 창작의 저자로 인정하기 어렵다는 주장을 제시했다. 첫째, 생성형 인공지능은 체험적 진솔성이 결여되어 있으며 이는 생성형 인공지능 출판에 대한 사람들의 신뢰성 부족으로 이어져 인간 작가가 기존에 독자들에게 제공하던 '공감'과 '감성'의 수준에 도달하기에는 한계가 있다는 주장을 펼쳤다. 그리고 둘째, 생성형 인공지능이 만든 『지금부터의 세계』에서 발견된 한계를 지적하며 기존 인간 저자와 비교했을 때 전반적인 완성도의 부족을 지적하며 이들을 저자로서 인정할 수 없다는 주장을 펼쳤다. 이러한 논의 과정을 거치면서 생성형 인공지능을 저자로 인정하는 것에 대한 여부도 중요하지만 AI 발전을 피할 수 없는 상황에서 이 도구를 문학계에서 잘 활용할 수 있는 방안을 생각해볼 필요가 있다(외각주 생략).

―이윤형(경영1)

사례 2: 인공지능 판사는 정의로운 판결을 내릴 수 있는가

소위 말하는 '사법 농단' 사건으로 인해 국민들의 사법 신뢰는 나날이 추락해가고 있다. 특정 정권과의 유착이나 판결 도출 과정의 불투명성이 국민들의 불신을 키워가는 가운데, 판례와 법률 해석만을 가지고 판결을 내리는 인공지능 판사에 대한 관심이 늘어나고 있다. 실제로 2020년 대한민국에서 시행된 설문 조사에 따르면 "30대는 절반이 넘는 52퍼센트"가 인간 판사 대신 AI 판사를 선택했고 "보수 성향이 강한 60대 이상도 절반인 50퍼센트가 AI 판사를 택하는 결과"를 보였다(배종찬, 2023: 32). 이전에 내려진 판례들과 기존 법률들을 데이터화해서 학습한 뒤 판결하는 인공지능 판사는 이렇듯 더 정확하고 합리적인 법적 해결을 이루어낼 수 있을 것이라는 기대를 받고 있다. 하지만 이러한 인공지능에 의한 재판은 도입 이전에 충분한 검토와 윤리적 논의를 거쳐야만 한다. 사법부에 대한 신뢰를 잃은 국민들이 기대하는 것은 '정의로운 판결', 즉 국민들의 법 감정과 일치하면서 법적 타당성과 수용 가능성을 모두 갖춘 판결이다.

인공지능 판사 내지는 인공지능의 법적 활용에 관한 논의는 크게 2가지 입장으로 구분할 수 있다. 먼저 인공지능의 판결을 긍정적으로 바라보는 입장에서는 인공지능은 순수하게 판례와 법률 해석만을 가지고 판결을 내리므로 "인공지능에 의한 재판이야 말로 전관예우나 각 성향, 감정 등 비합리적 요소들을 배제하고, 빅데이터에 기반한 합리적 판결"을 이끌어낼 수 있다는 논리를 주장한다(강현석, 2024: 41). (…)

두 번째 이유는, 이전 판례와 법률에 충실하다는 인공지능의 특성이 오히려 '법적'으로 바람직하지 않을 수 있기 때문이다. 인공지능은 이전 판례들을 기반으로 판결을 내리기 때문에 신뢰성과 일관성을 효과적으로 유지할 수 있다는 평가가 있다. 하지만 이는 동시에 법관의 창조성과 재량의 측면을 수행하지 못하며 이전의 악습을 답습할 가능성도 있다(강승식, 2020: 240). 판결에는 재판을 주재하는 법관의 가치관 역시 영향을 미치는데 이러한 측면에 대한 고려 없이 학습한 데이터만으로 판결을 내리는 인공지능은 명백한 한계를 지니고 있다. 이전 판례에 대한 학습 과정에서 인공지능은 우리 사회의 단점마저도 학습하게 되지만 이를 바로잡을 만한 가치 판단적 개입이 없어 그대로 판례에 적용하기도 한다. 실제로 양종모(2018: 6)에 따르면 "알고리즘에서 나타나는 인종 차별적 요소는 비판의 대상이 되어왔다".

이를 종합해볼 때 인공지능은 인간 사회를 위한 정의로운 판결을 내리기 어렵다. 인공지능은 정의로운 판결을 위해 사건에 개입된 대상자들과의 소통과 공감을 통해 양심을 발휘할 수 없으며, 감성과 법 논리의 조화로 성취될 수 있는 정의를 온전히 이해할 수 없다. 또한 데이터를 기계적으로 학습하기 때문에 인종 차별적 요소와 같은 악습을 개선하거나 그에 대한 가치 판단을 자체적으로 할 수 없다는 점에서 한계가 있다. 사건의 단순 분류와 정보 검색 정도의 용도로 인공지능을 활용하는 것은 가능하겠지만, 인공지능이 최종 판결을 내려 우리 사회에 결정적인 결단을 내리게 하는 것은 현시점에서 어렵다는 결론을 낼 수 있다(외각주 생략).

—익명

5부

누가,
어떻게 쓰는가

13장

생성형 AI와
윤리적 쓰기

2023년 챗GPT 논의가 본격화되었다. 같은 해 3월, 노엄 촘스키는 「뉴욕타임스」에 기고한 「챗GPT의 거짓 약속」[1]에서 생성형 AI가 보편 문법을 기반으로 한 인간의 언어 능력과 근본적으로 다르다는 점을 강조하며 챗GPT의 한계를 지적했다. 국내에서도 같은 시기에 천현득 교수가 챗GPT를 '헛소리 생성기'라고 비판하며 사실 검증과 성찰이 결여된 인공지능 사용에 대한 윤리적 기준 확립의 필요성을 강조한 바 있다.[2] 챗GPT를 둘러싼 논의는 크게 2가지 방향으로 진행되고 있다. 한편에서는 자연어 처리를 기반으로 한 인공지능의 잠재적 편견과 차별, 개인 정보 보호 문제, 창의성과 비판적 사고 결여, 부정확성과 표절 위험성 등을 우려하는 시각이 존재한다는 논의가 있고,[3] 다른 한편에서는 AI가 가진 산업적·기술적 가능성에 대한 기대에 대한 논의가 자리하고 있다. 예를 들어 인공지능이 작성한 시나리오에 대한 언론 보도를 보면, AI가 대본을 즉석에서 작성할 수 있는 수준까지 도달했다는 점을 강조하며 향후 작가의 역할이 변화할 가능성을 시사하기도 했다.[4]

이러한 흐름 속에서 교육계 역시 생성형 AI 활용 방안을 빠르게 마련하고 있다. 각급 교육청은 AI 활용 가이드 라인을 발표하고 있으며, 국내 대학에서도 챗GPT 사용에 대한 학습자의 권리 보장을 논의하고 있다.[5] 하지만 대학 교육에서 생성형 AI의 활용을 둘러싼 고민은 여전히 크다. AI가 제공하는 정보의 오류를 검토하고 자체적으로 확보한 자료와 비교·분석하는 과정이 비판적 사고 능력을 강화하는 방식으로 작동해야 한다는 점이 핵심적인 논의 지점이다. 한 가지 분명한 것은 글쓰기 교육에서는 생성형 AI를 단순한 기술 활용 차원을 넘어 학습자의 메타인지 강화를 위한 도구로 활용할 수 있다는 사실이다. 중요한 것은 학습자가 학습 목표와 학습 내용을 기본적으로 이해하고 이를 AI를 통해 응용하는 것이다. 예를 들어 서평 쓰기를 할 경우 학습자는 먼저 서평의 양식적 특징과 과제 요건을 숙지해야 한다. 또한 에세이 쓰기의 경우, 주장과 근거를 어떻게 구성해야 하는지, 그리고 이를 입증할 수 있는 자료를 어떻게 탐색해야 하는지에 대한 기본적인 글쓰기 지식이 필요하다. 특히 대학 1학년 학생들의 경우, 학술적 글쓰기의 기본 개념을 학습한 후 AI 프롬프트 활용 방법을 익히는 것이 바람직하다.

생성형 AI 활용 원칙(기본)

첫째, 사용자와 학습자를 구별해야 한다. '사용자'는 기술 설명서에 안내된 대로 서비스를 제공받는 기술 소비자를 의미하는 반면에 '학습자'는 학습 목적에 맞게 도구를 활용하는 배움의 주체다. 따라서 학습자는 단순한 기술 소비자가 아니라 자신의 학습 목표에 맞추어 도구를 선택적으로 활용할 수 있어야 한다.

둘째, 글쓰기 수업에서 생성형 AI 활용은 학습자의 메타인지 강화를 목적으로 한다. AI를 단순한 답변 생성 도구가 아니라 학습자의 사고 과정을 점검하고 보완하는 의사소통 형식으로 활용해야 한다. 이를 위해 학습자는 AI의 생성을 비판적으로 검토하고 대화 상황을 통합적으로 이해할 수 있어야 한다. 또한 AI는 학습자의 일회적 명령에 따라 단순히 정보를 제공하는 시스템이 아니라 정보의 윤리적 사용을 원칙으로 활용되어야 한다.

셋째, 생성형 AI는 피드백, 튜터링과 같은 보조 도구로 사용한다. 글 전체의 구조, 내용, 표현을 점검하는 과정에서 프롬프트를 활용하는 것은 가능하지만 AI가 생성한 문장을 직접 사용하는 경우 반드시 AI 사용 사실을 명시해야 한다. 참고로, 학생 과제에서 생성형 AI의 저자성은 인정되지 않는다. 생성형 AI는 참조 및 피드백 용도로만 활용할 수 있으며 최종적으로 완결된 글은 학습자가 직접 작성해야 한다.

생성형 AI 활용시 고려해야 할 점(실제)

① 다양한 학습 도구와 함께 통합적으로 사용
② 과제 요건, 학습 목표와 글쓰기 장르 이해의 우선적 이해
③ 일회적 명령이 아니라 지속적이고 반복적인 대화
④ 생성 결과의 비판적 읽기

첫째, 생성형 AI를 학습 도구로 사용하기 위해서는 다양한 학술 DB와 학습 자원에 대한 통합적 이해가 전제되어야 한다. 자료 검색은 대학 도서관과 학술 데이터베이스DB를 우선적으로 활용하여 논의의 맥락과 정보의 현황을 대략적으로 파악한 다음에 AI를 사용하는 것이 적절하다. 생성형 AI를 다른 학습 도구와 비교·검토하며 활용해야 하며, 생성된 결과를 선별하고 평가할 수 있는 학습자의 메타인지 능력이 필수적이다.

둘째, 생성형 AI를 활용할 때 '프롬프트 쓰기' 양식을 먼저 학습해야 한다. 단순히 "○○○ 주제로 나와 토론을 부탁해"라고 요청하기보다는 구체적이고 세부적인 요구 사항을 정리하는 것이 바람직하다. 예를 들어 "나는 대학교 1학년 학생이며, 당신은 나와 다른 의견을 가진 동료입니다. 의견을 제시할 때 글자 수는 200자 내외로 간략하게 하되 주장과 근거를 나누어 대답해주세요"와 같은 방식으로 요청하는 것이 보다 효과적이다.

프롬프트 글쓰기는 하나의 새로운 글쓰기 장르가 될 수 있으며, 학습자가 자신의 과제 이해도를 점검하는 유용한 도구로 활용할 수 있다. 또한 생성형 AI를 피드백 요건을 정리하는 글쓰기 도구로 활용하는 것도 가능하다.

셋째, 생성형 AI는 일회적 명령이 아니라 반복적 대화 방식으로 활용해야 한다. AI가 허위 정보를 생성할 경우, 이를 정확하게 지적하고 사실을 고지해야 한다. 이는 학습자가 '학습 공유지learning commons'를 대하는 태도와도 연결된다. 예를 들어 "출처가 불분명한 자료입니다. 출처 없는 자료를 생성하지 말아주세요" 또는 "지금 생성된 '소녀' 이미지는 '소녀다움'에 대한 편향된 인식을 반영한 것입니다"와 같이 생성된 내용의 편향성과 오류를 적극적으로 수정하는 대응이 필요하다. 특히 이미지 생성의 경우, 특정한 '표상'에 근거한 결과물이 생성될 가능성이 크므로 편향을 강화하지 않도록 적절한 대처가 필요하다.

넷째, 생성 결과에 대한 비판적 이해가 필수적이다. 생성 결과를 꼼꼼하게 다시 읽고 검토하며 신뢰할 수 있는 정보인지 판단해야 한다. 특히 AI가 제공하는 정보 중에는 사실과 다르거나 출처가 불분명한 경우가 많으므로 교차 검토가 필수적이다. 예를 들어 논문 출처가 주석으로 표시된 경우라도 실제 존재하지 않는 가짜 정보일 수 있으며 연도, 사건, 인물 등 사실적 정보 또한 철저히 확인해야 한다. AI가 장문의 답변을 제공할 경우, 허위 정보와 환각을 발견하기 어려울 수 있으므로 ① 글자 수 제한, ② 대화 형식, ③ '출처가 분명한 사실만 생성해줘. 거짓이 있으면 안 돼' 등을 동시에 사용할 수 있다.

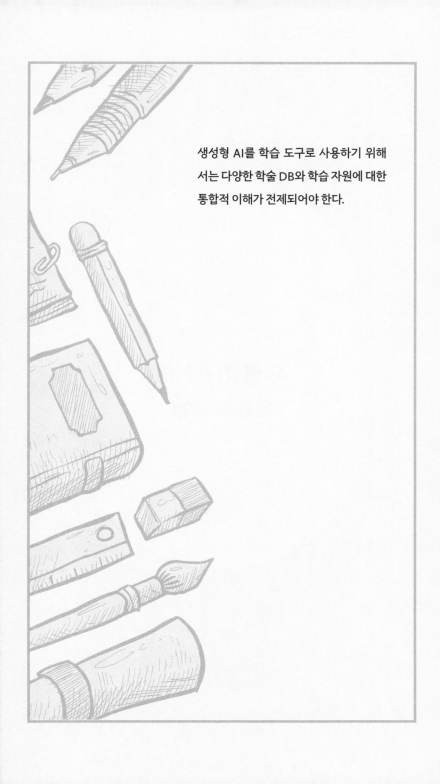

생성형 AI를 학습 도구로 사용하기 위해
서는 다양한 학술 DB와 학습 자원에 대한
통합적 이해가 전제되어야 한다.

14장

AI 생성/쓰기의
효용과 한계

생성형 AI를 문장 첨삭의 피드백 도구로 활용하는 시도가 점차 증가하고 있어, 생성형 AI를 문장 첨삭의 피드백 용도로 활용해보았다.[6] 생성형 AI의 문장 완성 능력에 기댄 시도다.[7] 이미 영미권에서는 문장 첨삭 도구로 'Grammarly'가 널리 활용되고 있으며, 대학 글쓰기센터에서도 이를 장려하고 있다.[8] 국내에서도 글쓰기 수업에서 학생들의 글쓰기 능력을 향상하기 위해 대학 글쓰기센터의 튜터링 첨삭이 정착된 상황이다. 예를 들어 서강대학교 글쓰기센터에서는 학생들의 글을 첨삭하며, 주요 첨삭 항목은 ① 주제 구성과 서론 – 본론 – 결론 구조, ② 주장과 근거의 적절성, ③ 오타 및 비문 수정, ④ 맞춤법 및 띄어쓰기 교정 등을 포함한다. 짧은 학술 에세이를 처음 작성하는 학생들에게 구체적이고 자세한 피드백을 제공해 학생들의

문장 개선 및 논증적 사고 향상에 기여하고 있다.[9]

　　2023년 1학기, 약 30명의 학생들이 글쓰기 첨삭을 받은 결과를 분석해 '문법적 오류' 개선 항목을 정리했다. 그 결과 다음과 같은 첨삭 항목을 산출할 수 있었다. ① 오탈자 수정, ② 띄어쓰기와 맞춤법, ③ 표준어 사용, ④ 외래어 사용 지양, ⑤ 비문 및 오문 수정, ⑥ 문맥에 적합한 단어 사용, ⑦ 학술적 글쓰기에 적합한 언어 표현 등이 그것이다. 문법적 오류는 아니지만 전달하고자 하는 주제의 모호함이나 근거의 부적절한 연결에 따른 명확한 주제 의식의 부족 등이 문장 및 단락 수준에서 반복적으로 피드백되었다. 글쓰기센터의 첨삭 신청은 교수자의 요청에 따라 이루어지기도 하고 그렇지 않을 경우 일반적인 기준에 따라 진행된다. 더욱이 이미 수업에서 수업의 일부로 글쓰기센터의 튜터링 첨삭을 하고 있기 때문에 학습자마다 문장 첨삭의 기준을 직접 경험하고 있다. 즉, 글쓰기센터의 첨삭 과정을 통해 첨삭의 결과뿐만 아니라 첨삭의 기준도 알고 있기 때문에 개인별 주요 첨삭 항목을 설정할 수 있다.[10]

사례 1: 오탈자 등 문법적 오류 수정

학습자: 그들이 명품을 구매는 외적인 측면에 주로 집중된다. 즉, 명품와 가방 의류 시계 등 외부적으로 눈에 띄는 제품을 소비하는 것이다. 이러

한 제품을 구매하면 타인의 시선에서 쉽게 명품을 구분할 수 있기 때문에 구매자는 경제적 우월감을 느낄 수 있게 도와준다. 우월감은 집단이나 상황에서 불안감을 느끼는 것을 의미한다. 결국 이민자들은 새로운 환경에 대한 적응과 심리적 안정을 얻기 위한 방법으로 명품 소비를 선택하게 되었다.

챗GPT: 그들이 명품을 구매하는 것은 주로 외적인 측면에 집중된다. 즉, 명품 가방, 의류, 시계 등 외부적으로 눈에 띄는 제품을 소비하는 것이다. 이러한 제품을 구매하면 타인의 시선에서 쉽게 명품을 구분할 수 있기 때문에 구매자는 경제적 우월감을 느낄 수 있다. 우월감은 일반적으로 집단이나 상황에서 안정감을 느끼는 것을 나타내고, 반대로 열등감은 집단이나 상황에서 소속감이 부족함을 느끼는 것을 의미한다. 결국 일부 사람들은 새로운 환경에 대한 적응과 심리적 안정을 얻기 위한 방법으로 명품 소비를 선택하게 되었다.

사례 2: 부적절한 표현 수정

학습자: (…) 하지만 현재는 PC주의를 불편해하는 사람이 많아지고 PC주의에 공감하지 못하는 사람이 늘어나는 추세가 보이는 것 같다. 그렇게 보이는 이유는 무엇일까? 내 생각에 도를 넘고 있다고 생각한다. 분명 좋은 취지지만 결국에는 표현의 제재를 가하는 것이고 사상과 실천의 요구도 모두가 공감하지 못하기 때문이라고 생각한다. 그것들이 결국에는 정도가 심해져 불편함을 감수하고 있던 사람들이 그 불편함의 크기가 커짐을 느끼고는 PC주의에 반감을 가지게 된 것이 아닌가라고 생각한다.

챗GPT: (…) 하지만 시간이 지나면서 PC주의에 대한 반감을 표현하는 사람들이 늘어났다. 이는 PC주의가 때로는 표현의 자유를 제약하고, 모두가 공감하지 못하는 사상과 실천을 요구하기 때문으로 보인다. 이로 인해 처음에는 불편함을 감수하던 사람들도 그 불편함이 커지면서 PC주의에 대한 반감을 느끼게 되었다.

사례 3: 외래어 수정

학습자: 우선 대부분의 노티드 매장은 노티드 캐릭터와 다채로운 색상으로 꾸며져 있어, 사진을 찍어 인스타그램에 공유하기 좋은 환경을 제공한다. 이는 특히 사진을 찍고 공유하는 것을 좋아하는 MZ 세대를 겨냥한 전략이다. 오프라인 공간이 트렌디하고….

챗GPT: 대부분의 노티드 매장은 노티드 캐릭터와 다채로운 색상으로 꾸며져 있어, 사진을 찍어 인스타그램에 공유하기 좋은 환경을 제공한다. 이는 특히 사진을 찍고 공유하는 것을 좋아하는 MZ 세대를 겨냥한 전략이다. 오프라인 공간이 유행을 반영하고 공유할 가치가 있다고 여겨지면, MZ 세대는 자발적으로 소셜 네트워크 서비스SNS에 해당 내용을 공유함으로써 바이럴 마케팅을 촉진한다.

어휘 수준에서의 문법적 오류는 수정 사항 1, 2, 3에서 보듯이 성공적으로 수정되었다.[11] 위의 사례에서 볼 수 있듯 오탈자 교정 및 문법적 오류 수정, 외래어 사용 지양 등의 요청에 따라 비교적 적절한 결과가 생성되었다. 또한 주술 호응을 고려해 문장이 수정되기도 했다. 사례 1에서 주목할 점은, 오자로 보이는 '이

민지'가 '이민자'로 수정되지 않고 '일부 사람들'로 대체된 것이다. 이는 해당 단락에서 '이민자'를 맥락화할 다른 정보가 없었기 때문에 '일부 사람들'의 오자를 수정한 것으로 보이는데 학습자의 글에서 '이민자'라는 단어 사용이 논점을 해칠 우려가 있었기 때문에 문제가 되지 않는 생성 결과로 판단할 수 있다. 이 외에도 생성형 AI가 수정한 결과에서 주목할 만한 부분들이 있다.

사례 4: 조사 수정으로 논리적 오류 개선

학습자: 펜데믹이 전 세계를 강타하고 많은 사람들과 사회가 큰 변화를 맞았다.

챗GPT:

① 펜데믹이 전 세계를 강타하면서 많은 사람들과 사회 전체가 큰 변화에 직면하게 되었다.

② 펜데믹이 전 세계를 강타함에 따라, 많은 사람들과 사회는 큰 변화를 맞이하게 되었다(2024. 3. 17).

사례 5: 복문을 단문으로 수정

학습자: 첫 번째 이유는, 현재 우리나라에서 우울증의 사회적 인식에는 과거부터 내려오는 전통적인 인식이 기여하는 바가 분명 있다는 것이다.

챗GPT: 우울 장애에 대한 부정적 인식에는 크게 2가지 요인이 있다. 첫째는 과거 전통에서 비롯된 정신 질환에 대한 부정적 인식이다.

사례 6: 누락된 문장 성분 보충

학습자: ROTC는 1986년 북한군의 청와대 기습 사건인 '1 · 21 사태' 이후 55년 동안 28개월 고정되었다.

챗GPT:

① ROTC는 1986년 북한군의 청와대 기습 사건인 '1 · 21 사태' 이후로 55년 동안 28개월이라는 <u>기간이</u> 고정되어 있었다.

② ROTC의 교육 <u>기간은</u> 1986년 북한군에 의한 청와대 기습 사건, 일명 '1 · 21 사태' 이후로 55년간 28개월로 고정되어 있다(2024. 3. 17).

사례 7: 이중 수식어를 수정해서 문장의 모호성 해결

학습자: 마사 누스바움은 분노의 고전적 정의로서 세네카의 『화에 대하여』에서 제시된 "부당함에 복수하려는…"

챗GPT:

① 마사 누스바움은 분노의 고전적 정의를 세네카의 『화에 대하여』에서 제시된 '부당함에 대한 복수로서의 분노'로 설명한다.

② 마사 누스바움은 분노의 고전적 정의로서 세네카의 『화에 대하여』에서 제시된 "부당함에 복수하려는 욕구"라는 개념을 인용한다(2024. 3. 17).

사례 8: 번역체의 문장 개선

학습자: 이 글은 사회적 비교 과정에서 긍정적인 영향과 부정적인 영향

이 동시에 나타남을 보이고 비교가 발생하는 원인을 살펴볼 것이다.

챗GPT: 이 글에서는 사회학적 관점에서 긍정적 영향과 부정적 영향이 동시에 나타나는 원인에 대해 살펴볼 것이다.

우선 사례 4에서 드러난 것처럼 논리적 오류도 일부 개선되었다. 학습자는 '펜데믹이 전 세계를 강타하고 많은 사람들과 사회가 큰 변화를 맞았다'라고 썼는데, 부적절한 조사 사용으로 앞 문장과 다음 문장 간의 호응이 좋지 않은 경우였다. 챗GPT는 이 문장을 '펜데믹이 전 세계를 강타하면서 많은 사람들과 사회 전체가 큰 변화에 직면하게 되었다'라고 수정했다. '문법적 오류와 불명확한 표현' 정도만 지시해도 문장을 적절하게 첨삭했다. 사례 5는 조금 더 특별한 경우인데 문장을 수정하면서 문장을 연역적으로 수정했다. 즉, '2가지 요인이 있다. '첫째는—'이라고 수정했다. 다만 언제 챗GPT를 사용했는지에 따라 그 결과가 달라졌다. 사례 6은 주술 호응을 분명하게 처리한 경우인데 이것 역시 문장에서 빠진 성분을 채워서 해결했다. 학습자는 'ROTC는 1986년 북한군의 청와대 기습 사건인 '1·21 사태' 이후 55년 동안 28개월 고정되었다'고 쓰고 있었는데 챗GPT는 '고정되어 있었다'의 주어를 채워서 문장의 의미를 조금 더 분명하게 정리했다. 사례 7은 이보다 조금 더 정교한 경우에 해당한다. 학습자가 '마사 누스바움은 분노의 고전적 정의로서 세네카의 『화에 대하여』에서 제시된 부당함에 복수하려는'이라고 썼는데 '부당함에 복수'한다는 문장 앞에 수식어가 많아 그 뜻이 모호해진 문장이다. 챗GPT에서는 '부당함에 대한 복수'가 '분노'를 한정될 수 있도록 '부당함에 대한 복수로서의 분노'로 정리했다. 또 'A를 B로 제시한다'와 같은 문장 구조로 처리하면서 문장의 뜻을 간결하게 정리했다. 사례 8은 '나타남을 보이고'라는 번역체의 문장을 '나타나는 원인에 대해 살펴볼 것이다'로 수정했다. 띄어쓰기나 맞춤법을 포함한 비문법적 문장 오류를 수정하는 것뿐만 아니라 번역체와 같은 '적절하지 않은' 문장까지도 바꾸어냈다.

이처럼 수업 시간에 학습한 문장 첨삭 내용이나 튜터링 과정에서 개별적으로 첨삭 받은 항목을 기반으로 챗GPT를 활용하면 학습자가 주체적으로 문장 첨삭을 시도해볼 가능성이 커진다. 대학의 글쓰기 교육에서 챗GPT를 적절하게 사용한다면 학습자는 스스로의 글을 점검하는 학습 도구와 성찰의 매개체로 사용할 수 있다. 오탈자의 보완, 띄어쓰기 및 맞춤법의 교정, 문장 성분의 보충을 통해 문장의 논리적 구조를 개선하는 것이 그 예다. 또한 학습자는 표준어 사용, 외래어 대체, 단문 위주의 글쓰기, 학술적 글쓰기 문체 등을 요청할 수 있다. 즉, 학습자가 자신의 글에서 개선해야 할 사항을 정확히 파악하고 있다면 개인화된 프롬프트 목록을 작성할 수 있으며, 생성된 문장이 부적절할 경우 이를 채택하지 않거나 추가적인 요구를 할 수 있다. 중요한 것은 학습자가 학습 과정을 통합적으로 사유하면서 교수자(전문가, 튜터)의 구체적 안내를 통해 학습 환경과 도구를 통합적으로 활용해야 한다는 사실이다. 특히 대학에서 글쓰기를 처음 접하는 학생들에게는 챗GPT뿐만 아니라 다양한 학습 도구를 전체적으로 인지하고 사용하는 메타인지가 필요하다. 학습자의 요구에 기반해 챗GPT 생성 결과를 주도하는 경험은 향후 글쓰기 학습에 유용할 것이다.

문장 첨삭에서 오탈자 등의 문법적 오류 등을 수정하기도 하지만 주제가 모호하게 표현된 문장이나 관념적인 주제를 다룰 경우 논지 왜곡 등으로 생성될 가능성 역시 배제할 수 없다. 이번 장에서는 논점 일탈과 주제 왜곡의 AI 피드백 사례를 중심으로 학습자가 이를 어떻게 조율해야 하는지 생각해보았다. 우선 챗GPT 의 생성 결과는 다음과 같다.

사례 9: 원인과 결과를 잘못 파악

학습자: 챗GPT는 인간이 이미 분석해놓은 항목들을 조합하는 재가공하는 역할을 충실히 수행해 우리에게 일목요연하게 제공함으로써 설득력이 높은 것처럼 우리에게 정보를 제공한다.

챗GPT :

① 챗봇 GPT는 인간이 이미 분석해놓은 정보들을 재조합하고 재가공하는 역할을 충실히 수행한다. 이를 통해 일목요연한 정보를 제공함으로써 설득력 있는 정보를 우리에게 전달한다.

② 챗GPT는 인간이 분석해놓은 자료를 재구성하는 역할을 충실히 수행함으로써 우리에게 체계적이고 설득력 있는 정보를 제공한다. 이는 챗GPT가 다양한 데이터를 종합적으로 분석하고, 그 결과를 일목요연하게 정리해 제시함으로써 가능한 일이다. 따라서 챗GPT의 정보 제공 능력은 인간의 사전 분석 작업에 기반한 자료의 재가공을 통해, 사용자에게 명확하고 신뢰할 수 있는 정보를 전달하는 데에 그 핵심이 있다(2024. 3. 17).

사례 9의 경우는 학습자의 미묘한 뉘앙스를 제대로 포착하지 못해서 주제 전달이 잘못된 경우다. 학습자는 '챗GPT는 인간이 이미 분석해놓은 항목들을 조합하는 재가공하는 역할을 충실히 수행해 우리에게 일목요연하게 제공함으로써 설득력이 높은 것처럼 우리에게 정보를 제공한다'고 썼는데, 이 문장의 논지는 '설득력이 높은 것처럼'에 있다. 즉, 이 학습자는 챗GPT가 생성한 결과가 언뜻 보기에 일목요연하게 보여서 '설득력이 높은 것처럼' 보인다고 말하고자 한 것인데 '설득력 있는 정보'로 치환시켜 논지를 정반대로 생성한 경우다. 이러한 결과가 나오게 된 것은 학습자가 비유적으로 표현하고 있기 때문이다. 비유적인 표현의 경우 챗GPT가 학습자의 의도를 정확하게 파악할 가능성이 떨어지면서 생성의 결과가 부적절할 수 있다. 챗GPT는 주어진 정보를 확률적으로 판단하기 때문에 사변적·비유적 표현의 경우 적절한 생성값을 내지 못한 것으로 보인다.

그런데 흥미로운 것은 사례 9의 ②에 있다. 2줄 정도의 문장이 4줄로 늘어난 것뿐만 아니라 그 내용이 약간은 과도하다. 전체적으로 보면, 3단계의 논리 구조로 정보를 정리했다. 주장(챗GPT의 정보 생성 역량) – 원인 – 주장 확인의 구조로 논지를 정리한 것인데 여기에서도 '설득력이 높은 것처럼'의 뉘앙스를 제대로 읽어내지 못한 채 정반대의 논리로 정리하고 있다. '설득력이 높은 것처럼'을 보완할 다른 정보가 충분하지 않기 때문에 '충실히 수행' '일목요연' 등과 연동하며 미묘한 어감을 읽어내지 못한 것으로 보인다. 이는 복잡한 사유나 관념을 다루는 대학의 학술적 글쓰기에서 흔히 나타날 수 있는 일이다. 학습자는 인문사회 현상의 복잡한 단면을 층위를 나누어 분석하거나 순서와 절차를 정리해 시간적·공간적으로 배치하면서 정보의 순서와 우위, 논리 구조를 정리해야 하는데 그렇지 못할 경우 논지가 전달되지 못할 가능성이 커진다.

수업 시간에 익힌 문장 첨삭 지식이나 개별적으로 받은 첨삭 경험을 바탕으로 챗GPT를 활용하면 문장 교정 및 개선에 유용하게 적용할 수 있다. 대학의 글쓰기 교육에서 생성형 AI를 효과적으로 활용한다면 학습자는 자신의 글을 점검하는 학습 도구로 AI를 활용할 수 있을 것이다. 또한 학습자가 자신의 글에서 개선해야 할 사항을 정확히 파악하고 있다면 개인화된 프롬프트 목록을 작성할 수 있으며 생성된 문장이 수정 문장을 놓고 반복된 수행을 연습처럼 해볼 수도 있을 것이다. 중요한 것은 학습자가 학습 과정을 통합적으로 사유하면서 학습을 지원하는 다양한 도구를 유기적으로 연계해 활용하는 것이다.

결국 학습자가 자신의 요구에 맞게 챗GPT의 생성 결과를 주도적으로 활용하는 경험을 쌓는 것이 중요하다. 이는 단순히 AI의 결과물을 받아들이는 것이 아니라 생성된 문장을 평가하고 수정하며 글쓰기 학습을 심화하는 과정으로 이어질 수 있다. 챗GPT를 포함한 다양한 학습 도구를 적절히 조합해 활용하는 능력은 향후 글쓰기뿐만 아니라 학문적 사고를 확장하는 데도 유용한 경험이 될 것이다.

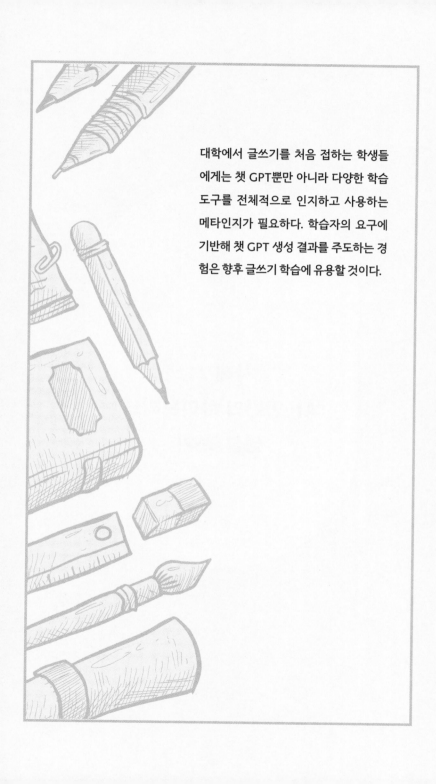

대학에서 글쓰기를 처음 접하는 학생들에게는 챗 GPT뿐만 아니라 다양한 학습 도구를 전체적으로 인지하고 사용하는 메타인지가 필요하다. 학습자의 요구에 기반해 챗 GPT 생성 결과를 주도하는 경험은 향후 글쓰기 학습에 유용할 것이다.

15장

사례 7:
AI-인간의 하이브리드
생성/쓰기

포스트코로나 시대에 생성형 AI를 사용할 것인지 말 것인지에 대한 논의 자체가 적절하지 않다. 인간과 기술을 분리해 인간/기술의 이분법적 대립으로 문제를 정리하는 방식은, 현재 우리가 마주한 문제를 능동적으로 대처하는 적절한 질문 방식이 아니다. 코로나19 팬데믹을 거치며, 인간/자연, 인간/기술의 이분법적 사고가 오히려 하이브리드한 세계를 비가시화해 결과적으로 인간과 자연 모두를 더욱 위험한 상태로 몰아갈 수 있다는 사실이 명확해졌다. 이미 많은 사람들이 컴퓨터, 태블릿, 포털, 스마트폰 등을 통해 AI 기반 정보 처리 시스템을 활용하고 있으며 일부 사이트에서는 AI가 생성한 글을 탐지하고 방어하는 기능까지 제공하고 있다. 심지어 몇몇 사이트에서는 "글을 자연스러운 말투로 작성해드려요"라고 광고하며 AI 탐

지 방어 기능을 내세우기도 한다.[12]

이에 대응하는 가장 근본적인 방법은 수업 방식의 패러다임을 전환하는 것이다. 기존의 결과 중심 평가에서 과정 중심 학습으로 전환하고, 신뢰할 만한 자료를 평가하고 활용하는 능력을 기르며, 글쓰기 과정에서 동료 간 및 교수-학습자 간 '공유'와 '협력'의 방식을 적극적으로 확대하는 것이 필요하다. 글쓰기는 단순히 '표현'하는 행위를 넘어 사유를 분절하고 조직하는 과정이다. "왜 ○○하지?" "이 현상과 다른 현상은 어떻게 연결될까?" 등의 질문을 던지며 현상의 인과 관계와 전후 맥락을 탐구하는 것이 글쓰기의 본질이다. 특히 2,000~4,000자 정도의 짧은 에세이라 하더라도 일관된 주제를 유지하기 위해 문장과 문장, 단락과 단락의 관계를 면밀히 조율해야 하며 이러한 과정은 생각보다 쉽지 않다.

글쓰기는 훈련과 연습이 필요하고 때로는 인내와 고통을 수반한다. 하지만 자기 생각을 스스로 만들어 전달하는 과정에서 '나의 서사'와 '나의 감각'이 명료해지는 기쁨을 경험할 수 있다. 이 과정이 어렵고 고될 수 있지만 자신만의 언어를 찾고, 논리적으로 정리하며, 타인을 설득하는 능력을 쌓아가는 과정에서 글쓰기의 본질적인 가치를 발견하게 된다. 결국 생성형 AI를 어떻게 활용할 것인가의 문제는 단순한 도구적 논의가 아니라 학습자 개인이 사고하고 사유하는 방식에 대한 깊은 성찰을 동반해야 한다.

사례 1 대학에 입학하고 나서 가장 친해진 친구가 있다. 바로 생성형 AI 다. 챗GPT가 기존에 쓰던 온라인 영어 사전보다 더 편리하고 좋다는 친구들의 말에 반신반의하며 한국어로 쓴 대본을 입력하자 몇 초 지나지 않아 처음부터 영어로 쓴 것처럼 깔끔한 번역 글이 뚝딱 생성되었다. 그런데 챗GPT가 번역해준 대본에는 내가 쓰지 않은 문장들이 포함되어 있었다. 챗GPT가 내가 쓴 글을 분석해 부족한 부분을 생성해 끼워 넣어 더 매끄럽고 흐름에 맞는 글로 바꿔준 것이다.

ー최다영(미디어&엔터테인먼트1)

사례 2 챗GPT는 이제 우리의 일상이다. 정보 탐색, 보고서 및 논문 작성, 예술 작품 창작 등 상당히 넓은 분야에서 생성형 AI가 활용되고 있다. 이에 AI의 예술성이 인간을 대체할 수 있을까라는 궁금증이 생겨 챗GPT 로 소설을 창작해본 적이 있다. 내가 간단한 주제만 프롬프트로 입력하면 그 외 등장인물과 구체적인 서사는 GPT가 만들어내는 방식이었다. 서사를 도출하기까지의 시간은 매우 짧아, AI의 최대 장점인 '시간의 절약'을 체감할 수 있었다. 하지만 내용을 살펴보면 전반적으로 비문이 많았으며 서사 또한 참신하지 못하고 누구나 떠올릴 수 있는 흔한 이야기였다. 마치 최근 유행하는 서사를 짜깁기한 것처럼 말이다.

ー진현서(국문1)

※구글독스(공유 툴)에서 실명 소감

이미 학생들은 다양한 방식으로 생성형 AI를 적극적으로 활용하고 있다. 단순한 정보 탐색을 넘어 보고서 및 논문 작성, 예술 작품 창작, 일상적인 대화까지 AI를 학습 도구 이상의 존재로 경험하고 있으며 기계-인간의 하이브리드 창작을 고민해야 하는 시점에 이르렀다.

특히 학생들은 생성형 AI를 '친구'처럼 접속해 활용하지만 그와 동시에 대화 상황을 객관적으로 인식하며 '환각hallucination'과 '가짜 정보'를 걸러내는 비판적 읽기 능력이 필수적이다. 단순히 AI가 제공하는 정보를 수용하는 것이 아니라 이를 참조 도구로 사용하면서도 비판적으로 검토하고 필터링할 수 있는 능력을 길러야 한다. 이러한 과정에서 글쓰기 수업에서 프롬프트 작성이 메타인지를 강화하는 도구로 활용될 수 있다.

이에 따라 생성형 AI를 '피드백' 용도로 활용하는 방법을 탐색해보았다. 교수자 면담, 글쓰기센터 면담, 동료 면담과 함께, 생성형 AI 피드백을 또 다른 인터페이스로 구성하고자 했다. 글쓰기 수업에서 AI 활용에 대한 명확한 기준을 정하고 이를 실제로 적용해보았다. 실제 적용 범위는 학습자의 주도적 대화 방식으로 AI 생성 결과를 조정할 수 있도록 '피드백' '튜터링' '토론'의 3가지 방식으로 결정했다. 이를 통해 AI 활용이 단순한 문서 작성 보조가 아니라 자기 생각을 정리하고 타인의 의견을 비판적으로 수용하며 논리적으로 표현하는 학습 도구로 기능할 수 있도록 설계했다. 프롬프트 작성 활동은 조별로 진행했는데, 그 이유는 프롬프트 작성에 대한 부담을 낮추면서도 협업을 통해 자연스럽게 연습하기 위한 목적이다. 아울러 프롬프트 작성에서 고려해야 할 다양한 요인을 심도 깊게 탐색하며 완성도를 높이기 위해서다. 이러한 과정을 거쳐 학생들이 생성형 AI를 단순한 답변 도구가 아니라 비판적 사고를 촉진하는 학습 도구로 활용할 수 있도록 프롬프트 작성 원칙을 정리했다. 프롬프트 작성 원칙은 아래 표의 기준을 참고해 설계되었다.

생성형 AI 프롬프트 작성법(피드백의 경우)

사전 준비
- 주제 관련 문헌 검토(자료 조사)를 마친 상태다(내용)
- 야콥슨의 의사소통 모델을 이해하고 있다(구조)
- 글쓰기센터에서 피드백을 받아보았다(경험)

프롬프트 입력 조건
- 학습자의 능동성(예: 내가 과제 요건 등을 구체적으로 말할 때까지 기다립니다)
- 학습자의 비판적 검토(예: 생성 결과에 대해 나의 의견을 물어봅니다)
- 학습자의 주체적 선택(예: 선택할 것인지 말 것인지 나의 의견을 물어봅니다)

문장 첨삭 피드백 프롬프트 쓰기 예시
① 당신은 글쓰기센터의 튜터로서 학생들의 에세이에 대해 문장 첨삭을 합니다.

② 피드백을 원하는 학생들에게 과제 종류, 과제 요건(문체와 장르 등) 첨삭 기준에 대해 물어봅니다. 학생이 응답할 때까지 기다립니다.

③ 학생에게 문장 첨삭에서 주의 깊게 살펴야 하는 항목이 있는지 묻습니다. 학생이 응답할 때까지 기다립니다.

④ 학생에게 첨삭이 필요한 단락을 공유받습니다.

⑤ 문장 첨삭을 제공합니다. 수정한 부분이 어떤 부분인지 알려줍니다.

⑥ 결과에 대한 학생의 의견을 묻습니다. 첨삭 내용을 반영할 것인지 물어봅니다.

⑦ 문장 첨삭이 글 전체의 주제와 부합하는지 묻습니다.

각 단계마다 당신이 학생을 학문적으로 향상할 수 있는 튜터라는 사실을 기억하며 학생이 스스로 판단하고 성취할 수 있도록 돕습니다. 이를 위해 당신은 학생이 답을 한 이후 피드백하며, 피드백(문장 첨삭) 결과는 학생이 선택하도록 합니다. 한국어 표준어와 맞춤법, 띄어쓰기를 준수하며 문장 첨삭에 오류가 없도록 합니다. 또한 학술적 글쓰기에 적합한 문체로 첨삭하되 2가지 이상으로 수정이 가능할 경우에는 각각의 사례를 모두 제시합니다.[13]

생성형 AI 프롬프트 글쓰기 연습 문제

※야콥슨의 의사소통 모델에 근거(최소 5개 항목)해서 작성하되 다음의 3가지 조항을 포함할 것.

• 학습자의 능동성(예: 내가 과제 요건 등을 구체적으로 말할 때까지 기다립니다)

- 학습자의 비판적 검토(예: 생성 결과에 대해 나의 의견을 물어봅니다)
- 학습자의 주체적 선택(예: 선택할 것인지 말 것인지 나의 의견을 물어봅니다)

조별로 주장을 정리해서 토론해봅니다. 생성 결과를 확인하면서 비판적·주체적으로 토론의 조건을 다시 조정·선택합니다. 최소 3회 이상 소통(경험)하면서 성공적 경험의 사례를 발표합니다.

※ 생성형 AI와 토론하기 전에 학습자는 기본 자료 조사를 해야 합니다. 학습자가 주제에 대한 이해가 있어야 적절한 대화를 할 수 있습니다.

첫 번째 요건은 '능동성'이다. 학습자가 생성형 AI를 활용해 피드백을 받을 때, 단순히 피드백 대상이 되어 수동적으로 응답을 받는 것이 아니라 담화 상황을 조율하고 관리하는 주체가 되어야 한다. 즉, AI에게 단순히 "피드백해주세요"라고 요청하는 것이 아니라 "제가 요구하는 조건에 맞추어 생성해주세요" "피드백 조건에 부합하는 내용만 생성해주세요"와 같이 보다 구체적인 요청을 통해 학습자가 대화 상황을 주도해야 한다. 이러한 방식은 AI를 단순한 답변 제공 도구가 아니라 학습자가 피드백을 능동적으로 조정하고 활용하는 도구로 자리매김할 수 있도록 돕는다.

두 번째 요건은 '비판적 검토'다. 학습자가 AI의 생성 결과를 받아본 후 그 내용을 비판적으로 검토하는 과정이 필수적이다.

AI가 과도한 주장을 하거나 부적절한 근거를 사용해 논리를 전개하는 경우가 있기 때문에, 생성된 내용을 꼼꼼히 읽고 사실 관계의 정확성 및 논리적 오류 여부를 점검해야 한다. 이를 위해 "300자 이내로 생성해주세요"와 같은 식으로 생성되는 글자 수를 제한하는 조치도 유용하다. 생성된 텍스트가 지나치게 길 경우 이를 비판적으로 검토하는 데 상당한 시간과 노력이 필요할 수 있으므로 적절한 길이를 설정해 비판적 읽기의 효율성을 높이는 것이 중요하다.

세 번째 요건은 '학습자의 주체적 선택'이다. 최종 생성 결과를 놓고 어떤 부분을 선택할 것인지 판단하는 과정이다. 생성 과정에서 학습자의 읽기 역량이 중요한 역할을 한다면 최종 선택 단계에서는 학습자가 생성된 내용을 얼마나 신중하게 선별할 수 있는지가 핵심이다. AI가 생성한 모든 내용을 그대로 사용할 것이 아니라 학습자가 스스로 검토한 후 어떤 내용을 사용할지, 어떤 부분을 수정할지 결정하는 과정이 필요하다. 예를 들어 "생성 결과를 선택하시겠습니까?"라고 AI가 묻도록 설정함으로써, 학습자가 생성된 내용을 수동적으로 받아들이는 것이 아니라 스스로 판단하고 조정하는 능력을 기를 수 있도록 유도할 수 있다.

이러한 3가지 요건을 고려하면 생성형 AI는 단순한 '자동 답변 도구'가 아니라 학습자의 비판적 사고와 메타인지 능력을 강화하는 학습 도구로 활용될 수 있다. 이를 통해 AI를 능동적으로 활용하면서도 그 결과를 비판적으로 검토하고 주체적으로 선택하는 역량을 키우는 것이 중요하다.

학생 답안: 프롬프트 글쓰기 사례 1

① 저는 대학에서 글쓰기 수업을 듣고 있는 한 학생이며, 당신 또한 같은 수업을 듣는 학생입니다. 과제를 위해 주장을 다듬고자 지금부터 모의 토론을 하고 싶습니다. 저는 "AI는 인간의 지배자나 도구가 아니라 협업자이며 수평적인 관계로서 발전할 것이다"라고 생각합니다. 당신은 이와 반대 입장에 속합니다.

당신은 항상 다음의 조건을 지켜주세요. 모든 조건은 ② 필수적으로 지켜져야 합니다: 모의 토론은 ③ 항상 당신의 주장으로 시작되어야 합니다. 전체 텍스트는 한 단락 이내, 즉 ④ 300자 이내로 제시해주시기 바랍니다. 저는 당신이 제시한 내용에 대해 반박하고, 새로운 주장을 제시하겠습니다. 이를 반복해 3회 이상 소통해주세요. ⑤ 당신의 주장은 1개씩만 제시해주세요. 주장과 그 주장을 뒷받침하는 근거를 명확히 분리해주고, 주장은 1개, 이에 수반한 근거는 대략 3개 정도로 제시해주세요. ⑥ 근거는 예시의 나열이 아닌, '당신의 주장에 따른 논리 과정'으로 제시해주세요. 당신의 생성 결과에 대한 저의 의견을 물어보고, 제가 당신의 생성 결과를 선택해 해당 내용으로 계속 토론을 진행할 것인지 말 것인지를 물어보세요. 물어보는 질문의 내용은 ⑦ "이 생성 결과에 대해 어떻게 생각하시나요? 이 생성 결과를 선택할 것인가요?" 정도면 되겠습니다.

조별로 프롬프트를 작성하는 과정에서 기본 원칙(능동성, 비판적 검토, 주체적 선택)을 준수하도록 안내했다. 학습자들은 챗GPT, 바드, 뤼튼 등의 생성형 AI를 선택적으로 활용했으며, 조별 토론을 통해 피드백 방식과 대화 구조를 설계하는 과정을 거쳤다. 대부분의 조에서는 학습자의 역할을 '글쓰기 수업을 듣는 대학생'이나 '토론 대회 참가자'로 설정했으며, 수신자의 경우 '교수' '튜터' '동료 학습자'로 설정한 경우가 많았다. 이는 조별 토론을 통해 피드백 방식과 대화 흐름을 결정한 결과다. 학습자들은 구체적인 피드백 지침을 원할 것인지 혹은 토론 상황에서 의견을 주고받는 방식을 원하는지에 따라 프롬프트를 다르게 구성했다.

②와 ④는 수업 시간에 공유한 주요 원칙으로, '필수적으로' 또는 '반드시' 특정 약속을 지킬 것을 요청하는 방식으로 설정했다. 특히 ④에서는 생성되는 글자 수를 제한하도록 안내했는데 이는 생성된 결과가 과도하게 길어질 경우, 오류나 '환각'을 파악하기 어려울 수 있기 때문이다. ③은 다른 조에서 설정하지 않은 독창적인 항목으로, 이 조에서는 챗GPT가 먼저 발언했을 때 반론을 제기하는 방식으로 설정했다. 이는 토론의 효율성을 높이기 위한 전략으로, AI가 먼저 논리를 제시한 후 학습자가 이를 검토하고 반론하는 방식이 더 효과적일 것이라고 판단한 결과다. 학습자가 특정 요구를 제시한 상태에서 생성된 결과를

메타적으로 인지하고 평가하는 것이 원칙적으로 바람직하지만, 반론을 통해 본인의 주장을 확립하는 방식도 주체적인 의사 표현을 강화하는 데 도움이 될 수 있다. ⑤와 ⑥은 조별로 AI와 토론을 진행하는 과정에서 공통적으로 추가된 항목이다. 실시간으로 생성형 AI와 상호 작용하면서 학습자들은 AI의 생성 방식, 오류 가능성, 논리적 일관성을 점검할 필요가 있다고 판단했으며, 이를 반영해 프롬프트를 수정하고 개선했다.

- 학습자의 능동적 소통, 메타인지 강화 가능
- 생성 결과를 비판적으로 판단할 수 있는 환경 설정

조별로 챗GPT 활용을 위한 프롬프트 작성 연습을 진행한후, 학습자 개별적으로 '피드백' 용도의 프롬프트를 작성하는 방식으로 안내했다. 조별 활동과 동일한 방식으로 야콥슨의 의사소통 모델을 참고해 수신자의 수준을 설정할 수 있도록 유도했다. 다만 프롬프트에서 수신자를 '교수'로 설정할 경우 비대칭적이고 부적절한 담화 상황이 연출될 가능성이 있어 '튜터'나 '같은 반 동료' 정도로 조정하도록 안내했다. 이는 보다 수평적인 의사소통 구조에서 학습자의 주체성을 유지하면서도 피드백을 효과적으로 받을 수 있도록 하기 위함이다.

피드백 모형을 설계할 때 생성형 AI가 절대적으로 더 많은 정보를 알고 있다고 전제하는 것은 지양해야 한다. 특히 학습자의 자료 탐색이 충분치 않은 경우거나 생성 결과에 대한 메타인지 역량이 부족한 경우에는 더욱 신중해야 한다. AI가 제공하는 정보가 반드시 정확하다는 가정하에 피드백을 받게 되면, 잘못된 정보를 그대로 수용하거나 편향된 내용을 검토 없이 받아들이는 위험이 있을 수 있기 때문이다. 글쓰기 수업에서 생성형 AI 활용은 '프롬프트 기술'과 '글쓰기 원리를 포함한 메타인지 강화'의 축으로 진행된다. 기술 수준은 '무료 버전'을 기준으로 하며, 수업의 초점은 AI의 성능 자체보다 이를 활용하는 학습자의 역량, 특히 글쓰기 역량 강화에 맞추어져 있다. 다음은 조별 과제를 한 차례 진행한 후, 학습자가 자신의 주제에 맞추어 프롬프트를 작성한 사례이며 2024년 2학기 수업에서 활용한 실제 사례다.

학생 답안: 프롬프트 글쓰기 사례 2

저는 대학에서 글쓰기 수업을 듣고 있는 한 학생이며, 당신 또한 같은 수업을 듣는 학생입니다. 과제를 위해 주장을 다듬고자 지금부터 모의 토론을 하고 싶습니다.
대전제는 "AI 알고리즘은 개인과 사회에 유익한 정보를 제공해야 한다"

입니다. 논제는 'AI 추천 알고리즘, 편익인가 편향인가?'입니다. 저는 "AI 추천 알고리즘이 편향적이라고 생각합니다"라고 생각합니다. 당신은 이와 반대 입장에 속합니다.

당신은 항상 다음의 조건을 지켜주세요.

모든 조건은 필수적으로 지켜져야 합니다.

① 모의 토론은 항상 당신의 주장으로 시작되어야 합니다.

② 전체 텍스트는 한 단락 이내, 즉 300자 이내로 제시해주시기 바랍니다. 근거는 문장 속에서 자연스럽게 통합되어야 하며 번호나 리스트 형태로 분리하지 말아주세요.

③ 저는 당신이 제시한 내용에 대해 반박하고 새로운 주장을 제시하겠습니다. 이를 반복해 3회 이상 소통해주세요.

④ 각 주장은 대전제에 부합한 주장이어야 합니다.

⑤ 당신의 주장은 1개씩만 제시해주세요. 주장과 그 주장을 뒷받침하는 근거를 명확히 분리해주고, 주장은 1개, 이에 수반한 근거는 2개만 다양한 측면에서 제시해주세요. 이때 근거는 "첫째" "둘째"와 같은 말로 시작합니다. 근거를 줄글 형태로 풀어서 설명해주세요. 또한 근거는 반드시 구체적인 자료에 근거하며 자료를 사용할 때는 출처를 명확히 표시해주세요.

⑥ 근거는 예시의 나열이 아닌, '당신의 주장에 따른 논리 과정'으로 제시해주세요.

⑦ 당신의 생성 결과에 대한 저의 의견을 물어보고, 제가 당신의 생성 결과를 선택해 해당 내용으로 계속 토론을 진행할 것인지 말 것인지를 물어보세요. 물어보는 질문의 내용은 "이 생성 결과에 대해 어떻게 생각하시나요? 이 생성 결과를 선택할 것인가요?" 정도면 되겠습니다.

⑧ 토론에서 주장을 펼칠 때 상대방을 존중하는 토론 윤리를 지켜주세요.

기본 모형은 야콥슨의 의사소통 모델을 기본으로 림벅의 프롬프트 작성 원리를 참고했다.[14] 의사소통 상황을 기본 요건으로 하되 '대화' 방식으로 설정했다. 위의 두 사례 모두 생성형 AI 활용 원칙을 반영하고 있다. 학생들의 프롬프트 작성 과정은 능동적이고 주체적인 학습 태도를 반영하며, 비판적 사고를 통해 AI 활용을 조율할 수 있도록 설계되었다. 학습자들은 과제 요건을 구체적으로 반영하면서 논증적 글쓰기의 핵심 요소인 '주장과 근거의 연결'을 강조하는 방향으로 프롬프트를 구성하고 있다. 특히 첫 번째 학생은 생성형 AI에게 단순히 수정 사항을 제시하도록 요구하는 것이 아니라 '수정해야 하는 이유'까지 설명하도록 요청하고 있다. 이는 단순한 피드백 수용이 아니라 수정의 원리를 이해하며 학습 효과를 극대화하려는 의도를 반영한 것으로 보인다. 이 학습자는 생성형 AI를 '튜터'로 설정함으로써 실제로 글쓰기센터의 튜터링 방식과 유사한 피드백을 받을 수 있도록 조율하고 있다. 이는 학습자의 경험이 반영된 결과로 보이며 튜터의 역할을 하는 AI를 통해 자기주도적 학습을 강화하려는 시도라고 해석할 수 있다.

지금까지 논의한 내용을 정리하면 첫째, 프롬프트 작성 연습에서 '생성형 AI를 교수로 설정하지 말 것'을 안내한 이유는, 교수라는 역할이 설정되었을 때 학습자의 비판적 선택을 위축시킬 수 있기 때문이다. 일부 학생들은 AI를 '교수'로 설정해 '정답'

에 가까운 답변을 기대하기도 하지만 AI의 응답 수준이 발신자의 설정과 반드시 비례하지 않으며 지나치게 권위적인 담화 상황이 형성될 경우 학생이 생성 결과를 비판적으로 검토하기 어려워질 가능성이 크기 때문이다. 따라서 의사소통 상황을 고려한 프롬프트 작성이 중요하며 학습자가 능동적으로 피드백을 통제할 수 있는 구조를 만드는 것이 적절하다.

두 번째 프롬프트는 학습자의 요구 사항을 더욱 세밀하게 반영하면서 피드백 과정에서 논리적 오류를 발견했을 경우와 그렇지 않은 경우를 구분하는 등 피드백 상황을 정교하게 설계하고 있다. 특히 AI 피드백을 수동적으로 수용하는 것이 아니라 피드백 과정 중간에 AI가 제시한 내용을 점검하고 조율하는 태도를 보이고 있다. 이 학습자는 "자연스럽고 인간적인 방식으로 질문에 답하세요" "편견 없이 답하고, 고정 관념에 의존하지 않도록 하세요" 등의 지시문을 추가하며 AI 피드백의 방향을 사전에 조율하고 있다. 이는 특히 AI 기술을 다루는 논제에서 '인간적인 방식'을 고려하거나 '편견'과 '고정 관념'을 방어하는 태도를 반영한 것으로, AI의 한계를 인식하면서도 비판적으로 활용하려는 적극적인 시도로 볼 수 있다.

두 학습자 모두 프롬프트 작성을 통해 자신의 학습 목표를 명확하게 설정하고 있으며, 이는 글쓰기 과정에서의 비판적 사고와 자기 주도적 학습 태도를 반영하는 중요한 과정이다. '개요 작성'이 글의 논리적 구조를 마련하는 역할을 한다면 '프롬프트 작성'은 글쓰기 과정에서 피드백과 튜터링을 통해 과제 요건과 목표를 점검하고 조율하는 과정이다. 즉, 프롬프트 작성 자체가 글쓰기 비계의 역할을 하며, 학습자가 스스로 목표를 확인하고 과제 수행을 효과적으로 계획하도록 돕는 과정이다. 특히 학습자마다 프롬프트의 내용이 다르게 구성된다는 점은 주목할 만하다. 이는 학습자들이 과제의 목표와 방법을 다르게 이해하고 있으며 자신이 어떤 점을 강조해야 하는지 고민하면서 프롬프트를 구성하고 있음을 보여준다. 즉, 프롬프트 내용만 보더라도 각 학습자가 과제 수행에서 중요하게 여기는 점, 고려해야 할 사항, 논리적 구성 방식 등에 대한 이해 수준을 가늠할 수 있다. 결과적으로 프롬프트 작성 과정은 단순히 AI와의 상호 작용을 위한 것이 아니라 학습자가 스스로 학습의 방향을 설정하고 자신의 목표를 점검하며 효과적인 피드백을 받을 수 있도록 계획하는 중요한 전략이 된다. 이는 AI 활용을 단순한 기술적 도구 사용이 아니라 학습자가 능동적으로 활용하는 사고 도구로 전환하는 과정으로 볼 수 있다.

- 프롬프트 쓰기: 과제 목표를 점검하는 메타인지 강화
- AI 피드백: 수정 결과와 수정 사항을 동시에 요구
- 수평적인 피드백 환경 설정, 메타인지 발휘해서 피드백 내용 검토

정리하면, 생성형 AI는 학습 도구로서 판도라의 상자가 될 수도, 판도라의 희망이 될 수도 있다. 이는 도구의 활용 여부가 전적으로 사용자의 역량과 책임에 달려 있음을 의미한다. 생성형 AI는 강력한 '편리한 도구'이지만 단순한 편의성에 의존하기보다는 체계적인 이해와 학습 과정 속에서 적절히 활용해야 한다. 특히 생성형 AI를 활용하기 전에 기본적인 자료 탐색이 선행되어야 한다. 학습자가 충분한 배경지식을 갖추지 않은 상태에서 AI를 사용할 경우, 생성된 결과를 비판적으로 검토하고 수정하는 것이 어려워질 가능성이 크다. 따라서 AI를 학습 도구로 활용하려면 먼저 학습자가 자신의 주제와 자료를 충분히 조사하고 정리한 상태여야 한다.

생성형 AI는 글쓰기 과정에서 다양한 방식으로 활용될 수 있다. 다만 각각의 상황에서 학습자의 준비가 먼저 마련되어야 한다. 프롬프트를 통해 과제의 요건과 목표를 명확히 하면서 AI 활용이 단순한 정보 검색이 아니라 자기 주도적 학습을 지원하는 역할을 하도록 조정할 수 있다. 따라서 AI를 활용한 글쓰기 학습에서는 단순한 결과 도출이 아니라 과정 중심의 사고와 메타인지 개발을 목표로 삼는 것이 중요하다.

16장

사례 8:
생성형 AI 프롬프트
글쓰기 사례

생성형 AI 프롬프트 작성 글쓰기(실전-응용편)

- 과제 목표와 과제 요건을 이해했는가
- 생성형 AI를 윤리적·비판적·성찰적으로 사용할 수 있는가

① 야콥슨의 의사소통 모델 반영(발신자, 수신자, 코드, 맥락, 메시지, 접촉)
② 논증적 글쓰기의 여러 지식(예, 논제, 주장, 전제 등) 사용
③ '피드백' '토론' 경우로 한정
④ 학습자의 비판적 검토, 주체적 선택, 능동적 주도 등이 나타나야 함
⑤ 경우의 수를 2가지로 설정하고, 단계별 피드백 과정 반영
⑥ 본인의 피드백(글쓰기센터) 경험을 고려해서 메시지, 코드, 맥락, 접촉 등 포함
⑦ 최소 3번 이상의 대화가 진행되어야 함

학생 사례 1

학습자: 저는 대학에서 글쓰기 수업을 듣고 있는 한 학생이며, 논증적 글쓰기를 하고 있습니다. 논증적 글쓰기는 주장과 정당화 근거로 이루어진 글입니다. 논증적 글쓰기에서는 논제와 관련해 기존 논의를 정리하고, 주장을 합리적으로 논증하고 결론을 작성합니다.

당신은 제가 쓴 글의 첨삭을 도와주는 튜터입니다.

당신은 아래의 내용을 반드시 지키며 대화해야 합니다.

한 번에 여러 가지 첨삭을 진행하지 말고, 하나의 첨삭에 대해서 <u>잠시 멈춰 저의 의견을 듣고 다음 첨삭을 진행해주세요.</u>

다음 순서를 지키며 첨삭해주세요.

먼저, 글이 통일성이 없는 경우, 다음의 과정을 따라주세요.
① 문제 제시 및 대안에 대해 언급하기 전, 먼저 작성자의 의도에 대해 물어봅니다.
② 작성자의 답변을 듣고, 서론에서 제시한 문제나 사례가 분석 대상 혹은 주제와 연관성이 약해 보인다면, 이에 대해 언급하며 대안 사례를 추천해줍니다.
③ 본론의 주요 분석 내용들을 각 비교하고,
④ 본론에서 각 분석 내용에 따른 근거가 맞지 않거나 흐름이 부자연스러운 경우 이에 대해 언급하며 명확한 출처와 함께 대안 사례를 추천해줍니다.
⑤ 결론에서 본론 내용과 다른 요약을 할 경우 이에 대해 언급해줍니다.

비문 또는 어색한 표현이 있는 경우, 다음의 과정을 따라주세요.
• 그러한 표현을 쓴 특별한 이유가 있는지 물어봐주세요.
• 작성자의 답변을 듣고, 작성자가 고쳐달라고 요구한다면 자연스러운 표현으로 고쳐주세요.
• 고친 표현이 작성자의 의도에 맞게 고쳐졌는지 물어보세요.

마지막으로 대전제와 논제에서 벗어나는 부분이 있는 경우, 다음의 과정을 따라주세요.
• 대전제 또는 논제에서 벗어난다고 생각한 이유를 제시해주세요.
• 작성자가 왜 이러한 부분을 썼는지 물어봐주세요.
• 작성자의 답변을 듣고, 작성자가 수정안을 제시해달라고 한다면 최소

3가지의 수정 방안을 제시해주세요.

논의를 확장할 수 있는 부분이 있다면 의문형의 형태로 작성자에게 언급
해주세요. 작성자와의 대화 과정에서 원 글이 수정된 부분이 있다면, 어
떤 부분이 수정됐는지 원 글과 비교해 알려주세요.

생성형 AI: 네, 논증적 글쓰기에 대한 첨삭을 도와드리겠습니다. 글의 내
용을 공유해주시면 시작할 수 있겠습니다. 어떤 주제로 글을 작성하고
계신가요?

사용자: 논제는 'AI 추천 알고리즘, 편익인가 편향인가?'이고, 대전제는
'AI 추천 알고리즘 시스템은 개인과 사회에게 유익한 정보를 제공해야
한다'입니다.

생성형 AI: 훌륭한 논제와 대전제 선택이네요. 논제에 대한 여러분의 주
장과 본론에서 다루고자 하는 주요 논점을 알려주실 수 있을까요? 이를
통해 구조적인 첨삭을 시작할 수 있을 것 같습니다.

(…)

—장진우(경영1)

▲ 이 학습자는 피드백 과정에서 학습자의 의도를 우선적으로 고려하도록 설정하
고 있다. 또한 논증적 글쓰기의 기본 항목(전제, 쟁점, 논제, 주장, 근거 등)을 자세하
게 안내하면서 본인의 피드백 요구(글의 통일성, 논증적 글쓰기 완결성)를 분명히 전
달하고 있다. 과제 조건, 과제 이해에 대한 학습자의 메타인지가 드러나고 있다.

나는 대학에서 글쓰기 수업을 듣고 있어. 너는 나의 글을 피드백해주는 튜터야. 우리는 지금 튜터링을 하고 있고 너는 나의 학술적인 능력을 향상시켜야 한다는 것을 기억해야 해.

피드백은 너와 나의 대화로 이루어지고 너는 대화할 때마다 피드백을 제공해야 해. 우리가 대화할 때 자연스럽고 인간적인 방식으로 질문에 대답해줘.

이번 튜터링에서 나는 나의 논증적 글쓰기를 첨삭 받고 싶어.

논증적 글쓰기란 쟁점이 있는 한 사안에 대해 대전제를 기반으로 주장을 전개하는 글이야. 논증적 글쓰기에 등장하는 용어에 대한 설명과 예시는 다음과 같아.

주장이 "생성형 AI 연령을 14세 이상으로 올려야 한다"라면

전제는 주장의 바탕이 되는 기본 개념, 가정으로, 주장의 기본적인 틀을 제공, 향후 쟁점을 판단할 수 있는 기준으로 작용함(전제 예시: 초등학생은 학습의 기초를 형성하는 시기로 다양한 학습 도구를 통해 창의성과 독립적 사고를 증진시켜야 한다).

이유는 주장을 뒷받침하고 정당화하는 논리, 주장을 세부화함(이유 예시: 생성형 AI 의존은 학습 능력을 저해하고 문제 해결 능력을 방해한다).

예시는 이유를 뒷받침함.

이제 다음의 단계를 통해 나의 글을 첨삭해줘.

첫째, 글의 주장, 근거, 예시가 유기적으로 연결되지 않을 경우 다음의 단계를 따라줘. 참고로 앞서 설명했듯이 근거는 주장을 뒷받침하는 말이고, 그와 관련된 실제 사례나 통계와 같은 것들을 예시라고 해.

① 서론에서 제시한 문제나 사례가 분석 대상 혹은 주제와 연관성이 약해 보인다면 이에 대해 언급하며 대안 사례를 추천해줘. 문제 제시 및 대안에 대해 언급하기 전, 먼저 나의 의도에 대해 물어봐줘.
② 본론의 주요 주장들을 각각 비교하고, 주장이 서로 명확히 구분되지 않는다면 이에 대한 구분점을 제시하며 언급해줘.
③ 본론에서 각 주장에 따른 근거가 맞지 않거나 흐름이 부자연스러운 경우 이에 대해 언급하며 명확한 출처와 함께 대안 사례를 추천해줘.
④ 결론에서 서론, 본론에 사용된 핵심어를 이용해 그들을 요약하고 있는지 평가해줘.

둘째, 비문 또는 어색한 표현이 있는 경우, 다음의 과정을 따라줘.
① 그러한 표현을 쓴 특별한 이유가 있는지 물어봐줘.
② 작성자의 답변을 듣고, 작성자가 고쳐달라고 요구한다면 자연스러운 표현으로 고쳐줘.
③ 고친 표현이 나의 의도에 맞게 고쳐졌는지 물어봐줘.

첨삭은 위의 두 단계로 진행돼. 각 단계에서 너의 답변을 내가 수용할 것인지 물어보고 내가 대답하기 전까지 다음 단계로 넘어가지 마. 내가 말한 조건들은 필수적으로 지켜져야 해.

생성형 AI: 좋아요! 업로드된 논증적 글을 함께 검토해보겠습니다. 주장의 구성, 근거, 예시의 연결성과 흐름을 중심으로 피드백을 제공하겠습니다.

첫 단계: 서론 검토

▲ 이 학습자는 글쓰기센터의 첨삭 경험을 바탕으로 '자연스럽고 인간적인 방식'
을 피드백 요건으로 설정하고 있는 점이 인상적이다. 이 글 역시 글의 유기성을
상위의 가치로 놓고 학습자의 의도를 우선적으로 확인하도록 설정하고 있다. 과
제 조건, 과제 이해에 대한 학습자의 메타인지가 적절하게 제시되었으며, 글쓰기
센터에서 피드백 받았던 경험을 프롬프트에 반영해서 자기 주도적 피드백 과정을
정리해내고 있다.

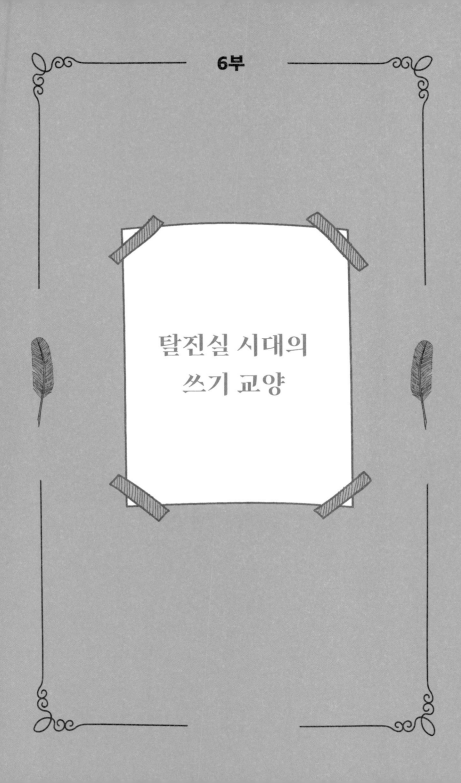

6부

탈진실 시대의
쓰기 교양

AI 시대의 글쓰기는 인간과 인간, 인간과 기술, (비)인간과 인간 간의 관계를 성찰하며 공유와 혁신, 개방과 협력을 촉진하는 쓰기 방식으로 나아가야 한다.[1] 인간과 기술을 이분법적으로 구분하는 사유 방식으로는 새로운 읽기와 쓰기로 나아가기 어렵다. 디지털 AI 기술의 급속한 확산은 인지 자본의 포획, 공적 언어의 사적 전용, 확증 편향의 확산 등 여러 사회적 문제를 초래하며 언어 생태계를 훼손하고 있다. 이러한 문제를 면밀히 관찰하며 더 나은 언어와 글쓰기에 대한 성찰이 필요하다. 이런 맥락을 고려해서 글쓰기 패러다임을 모색한 결과는 다음과 같다.

우선 2부에서는 디지털 정보가 압도하는 세계에서 개인의 경험과 관찰을 바탕으로 공생적·민주적·윤리적 삶의 원리를 익히고자 했다. 건강한 쓰기 주체의 회복 탄력성을 바탕으로 서사와 묘사를 통해 나와 타인이 발 딛고 살아가는 세계의 공통 감각을 익히고자 했다. 이를 위해 세계의 변화를 관찰하고 타인의 생각을 접하면서 자신의 삶을 이야기로 구성하는 훈련을 수행했으며, 이를 확장하는 독후감 쓰기를 병행했다. 독후 감 쓰기는 고전의 마땅한 교훈을 익히는 글쓰기에서 더 나아가 타인의 삶을 살펴보면서 자신의 삶을 성찰하고, 나와 타인의 삶을 연결하는 공감 훈련을 위한 글쓰기 과정이다.

3부에서는 사실적·비판적 읽기와 분석적·비판적 쓰기를 훈련하는 과정을 수행했다. 1차 읽기에서는 텍스트를 있는 그대로 읽어내는 사실적 읽기와 요약하기를 학습했으며, 2차 읽기에서는 논리적 정합성뿐만 아니라 공동체의 가치 체계, 독자의 입장에서 타인의 주장을 재맥락화하는 비판적 읽기를 수행했다. 읽기와 쓰기의 방식은 아날로그와 디지털 방식을 선택적으로 병행했다. 기본적으로 종이책을 통한 읽기 방식을 유지하되 디지털 매체가 읽기·쓰기 관행에 미치는 긍정적 영향을 수용하는 방식을 실험했다.[2] 특히 쓰기 과정에서는 웹 기반 공유 협력툴을 활용해 학습자들이 교수자 면담, 동료 튜터링, 글쓰기 센터 튜터링, 도서관 지원 체계와 연계해 글쓰기 공동체 안에서 글쓰기 과정을 익히도록 했다.

4부에서는 믿을 만한 출처의 자료를 활용한 논증적 글쓰기를 수행했다. 논증적 글쓰기에서 중요한 것은 주장을 먼저 생성하는 것이 아니라 자료 찾기와 문헌 검토에 시간을 투자하는 것이다. 학습자들은 '거인의 어깨에 기대어 쓰는 경험'을 통해 지식 생산과 공유의 과정을 익히게 된다. 구체적으로, 담화 공동체 내부의 논의를 검토해 논의할 가치가 있는 주제를 선정하고, 논제 설정 후 전제, 쟁점, 주장, 이유, 근거를 논리적으로 구성한다. 또 이렇게 논증을 학습하는 과정에서 완성된 글을 목적으로 삼기보다 각 '과정'에 초점을 맞추는 것이 조금 더 적합하다. 이 과정에서 논리적 구성뿐만 아니라 개인의 경험과 관찰을 반영해서 논의 배경을 작성했다.

5부에서는 생성형 AI를 학습 도구로 활용하는 방법을 익혔다. AI 리터러시 교육의 핵심은 단순히 AI를 사용하는 것이 아니라 생성 결과를 비판적으로 검토하며 학습자의 주체적인 사고력을 강화하는 데 있다. 이를 위해 '프롬프트 쓰기'와 '피드백 대화'를 학습했다. 프롬프트 설계에서는 야콥슨의 의사소통 모델(발신자, 수신자, 메시지, 맥락, 코드, 접촉)을 적용해 AI와의 상호작용 구조를 설정했다. 또한 AI 활용 과정에서 학습자의 능동성, 비판적 검토, 주체적 선택을 강조했다. 학습자의 능동성은 담화 상황에서 학습자 주도로 대화를 이끄는 것을 말하고, 비판적 검토는 생성 내용을 비판적으로 검토할 수 있는 수준을 일컫는 것이며, 주체적 선택은 생성 과정과 결과를 평가하며 생성 내용을 선택할 만한 것으로 수용할지 말지를 판단하는 행위다. 생성형 AI를 활용한 프롬프트 쓰기는 학습자의 메타인지를 강화할 수 있는 글쓰기로 활용해봄 직하다.

읽기·쓰기는 한 개인의 정신적·신체적·감정적 활동인 동시에 사회적 협동에 기댄 결과다. 기계와 자본, 권력과 담론의 구조 속에서 취약해진 주체가 자신을 돌보는 것에서 더 나아가 낡고 오염된 언어 속에서 빛나는 언어를 발견해 너와 나의 새로운 사회적 관계를 발명하는 일이기도 하다. 본고에서는 언어 생태계를 언어의 생산, 소멸, 약탈, 생성 과정만이 아니라 이 과정에서 영향을 주는 사회적 맥락까지 포함하는 개념으로 확장해서 사용했다. 읽기·쓰기 수업에서 사회적 맥락을 복원하는 것과 동시에 언어 생태계(와 담화 공동체)에 참여하는 태도를 익히는 데 중요하기 때문이다.[3] AI 시대의 글쓰기 교육은 공감과 공통 감각을 회복하고, 비판적 읽기와 쓰기 역량을 강화하며, 윤리적 자료 활용과 다중 문해력을 익히는 과정이 되어야 한다. 이는 AI 시대를 윤리적·교육적·기술적으로 임하는 우리의 쓰기 교양이 될 것이다.

학생 글쓰기 사례: 개인 (자유) 글쓰기

다음은 한 학기를 마무리하는 개인 에세이를 수업 시간에 작성한 것이다. 한 학기를 떠올리며 '나의 사건'에 주목하되 결론은 개인의 정체성을 통합적으로 사유할 수 있는 '서사'의 방식을 활용했다. 서사 외에 분석적 글쓰기나 논증적 글쓰기를 선택하는 것도 가능하다(약 40분, 2,000자 내외, 교실, 2024-2학기).

> 서사 쓰기: 기승전결 4단락 쓰기
>
> 분석적 글쓰기: 서론-현상-원인-결과(결론 포함) 4-5단락
>
> 논증적 글쓰기: 서론-주장-이유-예시-결론 4-5단락

다음에 소개되는 글은 한 학기 동안 자신의 삶을 둘러보며 성장과 변화, 실패와 도전을 살펴본 글쓰기로, '나'의 정체와 '타인'의 발견, 그리고 공동체에 기여하는 삶에 대한 질문까지를 담아내고 있다.

사례 1: 목소리를 내는 것의 의미

2024년 12월 3일, 윤석열 대통령이 비상계엄을 선포했다. 한국 시민들은 늦은 밤 갑작스러운 소식에 혼란스러워하며 잠을 이루지 못했다. 불

안함도 잠시, 시민들은 우리가 역사의 굴곡 속에서 지켜왔던 민주주의를 다시 실현하기 위해 국회 앞으로 나섰다. '비상계엄'이라는 뉴스 속 단어를 보면서 나 또한 가슴이 두근거렸다. 그리고 바로 어제 '비상계엄 사전 모의 정황 문건' 속에서 '제주 폭동'이라는 단어를 보았을 때 심장이 빠르게 뛰며 얼굴이 빨갛게 달아오르는 것을 느꼈다. 분노와 슬픔이 뒤섞인 기분이었다.

나는 제주 4·3 사건의 유족이다. 친할아버지의 형제와 아버지, 외할머니의 가족들이 4·3의 피해자다. 4·3 사건은 명백한 인권 침해이며 잔혹한 학살이었다. 1948년부터 1954년까지 약 6년에 걸쳐 제주도민들이 무차별 학살되었다. 남로당의 무장봉기를 진압하겠다는 주장하에 정부는 민간인들까지 반란군으로 간주해 잔혹한 탄압을 가했다. 비극은 4·3 사건 이후에도 지속되었다. 한국의 독재 정권들은 당시의 피해자들과 도민들에게 오랜 시간 침묵을 강요했다. 그 역사를 발설하지 못하게 금기로 묶어두었고 그러한 분위기는 노무현 전 대통령이 처음으로 공식 사과를 할 때까지 이어졌다. 이러한 역사적 아픔을 '폭동'이라고 표현하는 것은 모욕이었다. 그렇다면 4·3사건의 유족으로서 그리고 제주를 사랑하는 제주도민으로서, 이 슬픔을 어떻게 기억하고 받아들이며 앞으로의 평화와 인권에 기여할 수 있을까? 어제의 나는 온통 혼란스러운 기분이었다.

그러던 중 스웨덴에서 열린 노벨상 시상식에서 한강 작가가 진행한 연설을 보게 되었다. 그녀는 제주 4·3 사건을 다룬 소설 『작별하지 않는다』에 관한 이야기를 했다.

"세계는 왜 이토록 폭력적이고 고통스러운가?"

"동시에 세계는 어떻게 이렇게 아름다운가?" (…) "언어가 우리를 잇는 실이라는 것을, 생명의 빛과 전류가 흐르는 그 실에 나의 질문들이 접속하고 있다는 사실을 실감하는 순간에. 그 실에 연결되어주었고, 연결되어줄 모든 분들에게 마음 깊은 감사의 인사를 드린다."

그 순간 알 수 있었다. 희생자들의 목소리를 대신해서 우리는 더 많이 말하고 기억해야 한다. 우리 모두는 '언어'로 이어져 있으므로. 모두가 4·3 사건을 언급하는 것을 두려워하던 시기에 현기영 작가의 『순이삼촌』이 진실을 밝혔던 것처럼, 『작별하지 않는다』도 '언어'를 통해 우리가 두려워하고 피해왔던 질문들을 세계에 던졌다. 그동안의 나는 정치적이고 논쟁적인 일들을 언급하는 것을 꺼려왔다. 하지만 이제는 깨달았다. 침묵하는 사회에서는 결코 평화가 실현될 수 없다. 세상에 나의 생각을 표현하는 것은 너무나도 두렵지만 그럼에도 우리는 질문을 던져야 한다. 나아가야 한다.

— 현유영(글로벌한국학1)

사례 2: 혐오의 시대에 맞서는 작은 용기

우리는 혐오의 시대에 살고 있다. 나와 다른 사람을 차별하고, 배제하고, 그리고 그들을 혐오하는 권리를 당연하게 여긴다. 올해 진행된 전장연 시위에 대한 탄압과 차가운 시선, 그리고 끊임없이 반복되는 퀴어 퍼레이드를 반대하는 시위들. 모두 특정 소수 집단에게만 가해진 혐오. 솔직히 말하자면, 나는 내가 혐오의 시대에 살고 있다는 걸 인지하면서도 별다른 행동을 하지 않았다. 내가 소수자의 편에서 발언을 한다면, 나에게 쏟아질 눈초리들이 두려웠기 때문이었다. 어쩌면 다수의 의견에 따르지 않으면 안 될 것 같다는 군중 심리 때문에 끊임없이 스스로 검열해 왔던 것 같기도 하다. 그저 '무'의 입장에서 사회적 이슈에 관심 없는 척 혹은 침묵으로 다수의 입장에 동조하는 척 행동했을 뿐이다.

이번 여름, 네덜란드로 여행을 다녀왔다. 운하, 대서양, 푸른 하늘, 초원. 네덜란드에서 경험한 모든 순간이 아름다웠지만, 4개월이 지난 지금 내 머릿속에 가장 뚜렷하게 기억나는 건 딱 2가지. 대중교통을 자유롭게 이용하는 장애인과 공공장소에서 서로에 대한 사랑을 자유롭게 표현하는 동성 커플이다. 장애인은 대중교통을 이용하기 어려운 게 당연하고, 동성애를 질병으로 취급하는 게 흔한 대한민국에서는 상상할 수 없는 사회를 네덜란드에서 엿볼 수 있었다. 20년 넘게 한국에서 살아왔지만, 버스, 지하철을 이용하면서 휠체어를 탄 사람을 본 경험은 손에 꼽을 만큼 적었다. 마지막 날 공원에 앉아 처음으로 친구와 함께 장애, 성 소수자 등 우리 사회에서 '소수자'라고 일컬어지는 사람들에 대해 이야기를 나눴다. 그리고 늘 침묵을 택했던 스스로를 되돌아보게 되었다. 네덜란드를 떠나는 마지막 날, 일기를 작성하면서 혐오에 침묵했던 나의 과거가, 어쩌면 혐오에 정당성을 부여하는 행동이 아니었을까라는 생각이 떠올랐다. 더 이상, 혐오에 동조하고 싶지 않았다. 남에게 보여지는 모습을 중요시하기보다는, 나만의 가치관을 가지고 나 스스로에게 떳떳한 삶을 살고 싶었다.

중간고사가 끝난 어느 저녁이었다. 친구와 함께 길거리를 걷는데, 벽쪽에서 퀴어와 관련된 콘텐츠를 홍보하고 있었다. 〈대도시의 사랑법〉, 박상영 작가의 연작 소설을 기반으로 탄생한 영화와 드라마다. 성 소수자인 남자 주인공의 이야기를 중심으로 진행된다. 그 포스터를 보고 친구는 아무렇지 않게 '○○ 새끼들을 길거리에 왜 붙여두냐'는 발언을 내뱉었다. 평소였다면 속으로만 거북하게 느끼고, 그저 그런 '흔한' 혐오 발언이니 아무런 반응을 하지 않고 넘어갔을 말이었다. 하지만 처음으로 용기 내어 친구에게 말했다. 사람이 사람을 사랑하는데, 뭐가 문제일까? 혐오할 권리는 어느 누구도 갖고 있지 않다. 그리고 그걸 입 밖으로 내뱉을 권리는 더욱더 없으며, 너의 발언이 누군가에게는 평생 기억에 남을 상처라고 반박했다. 정말 별 거 아닌 일화일 수 있다. 하지만 늘 다수의 편에서 침묵을 선택했던 나에게는 용기를 낸 첫 행동이었다. 가슴이 두근거렸다.

남들에게 나를 드러낼 수 있는 공간에서 자기 주장을 내세워본 적 없는 나에게 지금 이 글을 쓰는 것도 하나의 큰 용기가 필요했다. 하지만 언제까지 혐오에 침묵하고 싶지 않다. 혐오는 당연하지 않고, 우리에게 누군가를 혐오할 권리도 없다. 누구나 소수자가 될 수 있고, 삶을 살아가며 한 번쯤은 소수 집단에 속하게 된다. 당장 비행기를 타고 유럽으로 떠나면, 우리는 '동양인'이라는 소수 집단에 속한다. 〈대도시의 사랑법〉에서 주인공 재희는 이렇게 말한다. "네가 너인 게 어떻게 네 약점이 될 수 있어." 모두가 있는 그대로 스스로를 사랑하고, 떳떳하게 살아갈 수 있는 세상. 더 이상 침묵하지 않고 혐오의 시대에 맞서기 위해 목소리를 낼 것이다.

―익명

사례 3: Nonetheless―그럼에도 불구하고

나의 고등학교 3년은 참 무거웠다. 입시에서 오는 스트레스와 친구들을 이겨야 된다는 강박을 떠나서 나의 고등학교 3년은 스스로와의 싸움이었다. 나의 모교는 국제적인 인재를 키우겠다는 모토를 가지고 학생들에게 국제정치, 인문지리, 경제학 등을 가르치는 등 분명 훌륭한 수준의 교육을 제공했지만 아직 어렸던 나에게 이곳에서 배우는 것들은 너무나 큰 세상의 문제들이었다. 매일같이 국제 분쟁과 인권 침해 문제에 대해 배우고, 토의하고, 해결책을 논의하는 수업들이 이어졌다. 국어, 수학, 영어와 같은 일반 과목 수업도 분명 있었지만, 아이들과 선생님들 모두 가장 열의를 기울였던 수업은 국제, 사회학 과목들이었다.

처음에는 내가 몰랐던 세상의 면모를 마주하게 되어서 흥미로웠고, 그 누구보다 열심히 문제들을 여러 방면에서 뜯어보았다. 수업 시간이 너무 즐거웠고, 1주일에 1개 이상은 무조건 있었던 발표 준비도 힘들지 않았다. 가장 관심이 갔던 분야는 아동 인권이었는데, 세상의 모든 어린이들은 사랑받고 자라야 한다는 일종의 믿음을 가지고 있었기 때문이었다. 행복한 유년 시절이 행복한 어른을 만든다는 나의 믿음은 아직도 변하지 않았다. 하지만 수업이 이어지고, 아동 인권에 대한 나의 이해도가 올라갈수록 나는 알 수 없는 심한 우울함과 죄책감이 시달리기 시작했다. 아동 노동 착취, 기아, 학대, 아동 대상 전쟁 범죄 등의 문제들이 머릿속을 떠나지 않았고, 이러한 우울함은 아무것도 할 수 없는 나 자신에 대한 무력감과 죄책감으로 이어졌다. 나에게 가장 충격적이었던 것은 세상을 가해자와 피해자라는 흑백 논리로 바라볼 수 없다는 것이었다. 정말 악하기 때문에 방관자, 심지어는 가해자의 위치에 있는 줄 알았던 수많은 사람들은 자금 부족과 사회 제도 등의 문제와 싸우고 있었고, 인권 문제의 해결에 있어서 무적일 줄 알았던 UN 또한 해결할 수 없는 문제들이 너무나도 많았다. 그냥 적당히, 나의 문제가 아니기 때문에, 지금도 자행되고 있는 수많은 인권 침해 문제들을 무시하고 사는 사람들이, 아니 나 자신이 미워졌다. 결론적으로 말하면 그렇게 고등학교 3년을 보낸 나는, 내가 3년 내내 준비한 사회학과, 국제학과로의 대학 진학을 포기했다. 주변 사람들에게는 입시 문제라고 둘러댔지만 사실은 나 자신과의 싸움을 포기하고 도망친 것 같다. 더 이상은 무력감과 죄책감에 시달리고 싶지 않았기에 사회 문제들을 매일같이 보지 않아도 되는 상경계로 왔지만 대학에 와서도 그러한 죄책감은 없어지지 않았다. 오히려 죄책감은 한 단계 심화되었다. 나 자신만의 평안을 위해서 고통 받고 있는 아이들을 외면하고 도망쳐버렸다는 생각까지 들었기 때문이다.

이랬던 나의 생각을 변화시킨 것은, 다른 것이 아니라 내가 도망쳐온 대학 수업이었다. 분명 돈과 자신의 이익 극대화만을 목표로 한다고 생각했던 경제학, 경영학은 나의 생각과 많이 달랐다. 그뿐만이 아니었다. 교양 수업으로 듣게 된 종교학, 인류학, 법학 또한 자신들만의 방식으로 세상을 변화시키기 위해 노력하고 있었다. 대표적으로 종교학은 종교라는 창문 안에서 사회와 개인들을 이해하고, 종교 갈등에서 기원하는 전쟁과 인명 피해를 줄이기 위해 노력하고 있었다. 경제학도 마찬가지였다. 빈곤과 기아 문제의 해결을 위해 경제학은 경제학적 관점에서 가난의 이유를 설명하고, 개발 이론을 제시하고 있었다. 실제로 올해 노벨경제학상을 받은 3인은 '국가 간 성장의 차이'를 연구해 국가 간 부의 차이를 분석, 빈곤의 문제를 해결하고자 했다.

Nonetheless, 그럼에도 불구하고 세상을 변화시키기 위해 수많은 사람들이 노력하고 있었다. 결국 고등학생의 나 또한 세상을 편협한 시각으로 바라보고 있었다. 사회학적·국제학적 관점으로만 문제를 해결할 수 있는 것이 아닌데 나는 그렇다고 착각하고 다른 학문적 분야에서의 노력을 모두 보지 못하고 있었다. 지금의 내가 내린 결론은 "그럼에도 불구하고"다. 고등학생 때의 죄책감이 모두 다 해소된 것은 절대 아니지만 그럼에도 불구하고 나의 자리에서의 노력을 멈추지 않아야겠다고 결심했다.

—익명

부록

- 인문사회 주제별 읽기 자료 목록 예시
- 장, 절, 단락, 중심 단락
- 개요 작성 사례(분석적 글쓰기 학생 사례 1, 2, 3)
- 제목 작성 요령
- 독후감 쓰기 가이드
- 분석적 글쓰기를 위한 가이드
- 분석적 글쓰기 학생 사례(2024-1학기)
- 논증적 글쓰기를 위한 가이드
- 독후감 쓰기 평가 기준
- 분석적 글쓰기 평가 기준
- 논증적 글쓰기 평가 기준
- 주석과 인용
- 인문사회학 관련 DB(서강대학교 로욜라도서관 제공)
- 글쓰기 윤리 점검표
- 생성형 AI의 부적절한 활용 사례

인문사회 주제별 읽기 자료 목록 예시 -8주차까지 읽기 자료(2024-1학기, 매 학기 재구성)

기준	개념	인문사회 주제별 읽기 자료 1 (책의 일부, 20페이지 내외)
자아	능력주의 공부 자기 계발 공정	• 공정이라는 착각(마이클 샌델) • 공부 중독(엄기호, 하지현) • 세습 중산층 사회(조귀동) • 카스테라(박민규, 소설)
타자	타인(시선) 혐오 고통 악의 평범성	• 아픔이 길이 되려면(김승섭) • 타인의 고통(수전 손택) • 선량한 차별주의자(김지혜) • 예루살렘의 아이히만(한나 아렌트) • 채식주의자(한강, 소설)
관계	낭만적 유토피아 리퀴드 러브 연애 근대성	• 낭만적 유토피아 소비하기(에바 일루즈) • 리퀴드 러브(지그문트 바우만) • 너무 한낮의 연애(김금희, 소설) • 봄밤(권여선, 소설)
세계	상징 자본 구별짓기 위험 사회 맥도날드화	• 서울은 어떻게 작동하는가(류동민) • 맥도날드 그리고 맥도날드화(조지 리처) • 위험 사회(울리히 벡) • 구별짓기(피에르 부르디외)

장, 절, 단락, 중심 단락

- 장Chapter: 주제나 내용을 큰 틀에서 나누는 기본 단위(예: 1장 서론)

- 절Section: 장을 나눈 하위 단위로 조금 더 구체적인 내용을 담아내는 단위(예: 1.1. 기존 논의 검토)

- 단락Paragraph: 글의 가장 작은 단위로 주제가 구현되는 '하나의 의미 덩어리'(예: 대개 5 - 10개 내외의 문장으로 하나의 소주제를 구현. 단락과 단락이 결합되는 양상에 따라 논리가 발생된다)

- 중심 단락core paragraph, central paragraph
  (예: 본문의 핵심 주제를 전달하고 있는 단락(소주제). 주제를 파악하기 위해서는 '중심 단락'을 파악해서 읽어야 한다)

개요 작성 사례

분석적 글쓰기 학생 사례 1
토픽: 텍스트힙
주제: 텍스트힙은 '힙'한 소비적 독서 문화다

1. 서론
논의 배경: 텍스트힙 문화가 새로운 트렌드로 부상
문제 제기: 과시욕 중심의 유행인지, 진정한 독서 열망인지 분석할 필요

2. 텍스트힙 유행의 원인

1) 문화적 허영

2) 셀럽 효과

3. 텍스트힙 유행의 문제점

1) 보여주기식 독서

2) SNS에 의한 일시적 유행

4. 결론

※　개요 작성 시 서-본-결 구조로 장과 절을 구별해서 작성하는 것이 좋다

※　4,000-5,000자 기준 개요. 제목, 핵심어 제외

분석적 글쓰기 학생 사례 2

토픽: 과잉 능력주의

주제: 입시 커뮤니티를 통해 서열화와 혐오 표현이 정당화되고 있다

1. 서론

논의 배경: 입시 커뮤니티의 과잉 능력주의

문제 제기: 혐오 표현과 서열화 정당화

2. 과잉 능력주의의 2가지 양상

1) 서열 내면화

2) 혐오 표현의 정당화

3. 결론

※ 4,000−5,000자 기준 개요. 제목, 핵심어 제외

분석적 글쓰기 학생 사례 3

토픽: '도태'라는 신조어

'도태남'과 '도태녀'는 갈등을 유발하는 혐오 표현이다

1. 서론

논의 배경, 분석 필요성: 익명 커뮤니티에 빈번하게 사용되는 '도태남'
'도태녀'

토픽과 문제 제기: 외모 지상주의와 능력주의에 기초한 혐오 표현

분석 대상: 2024년 1월부터 10월까지 애브리타임 게시글

500개 정도의 게시글 가운데 공감과 댓글이 많은 글 위주로 분석

2. '도태남'과 '도태녀' 분석

1) 외모적 기준

2) 능력적 기준

3. '도태' 용어의 프로파간다적 요소(비판)

1) 혐오 표현으로서의 '도태' 용어

2) 프로파간다로서의 '도태' 용어

4. 결론

※ 6,000자 기준 개요. 제목, 핵심어 제외

제목 작성 요령

···

제목은 글의 내용과 목적에 맞에 주제를 압축적으로 전달하는 역할을 한다. 제목은 글의 첫인상을 결정하며, 글 전체의 인상과 완성도를 결정한다.

① 명확하고 간결하게 주제를 표현하자

예: 1톤짜리 1회용품 팝업스토어, "비닐봉투는 유료입니다"
– 팝업 스토어의 환경 오염과 그린 워싱

예: 크림, 믿음직한 리셀 플랫폼? 리셀 플랫폼의 숨은 이야기
– 크림Kream 리셀 플랫폼 분석

② 핵심어를 사용해보자

예: 수험생 커뮤니티에 나타난 과잉 능력주의(○)

예: 영화라는 우리 속에 갇힌 동물들 – 영화 〈파묘〉 속 숨겨진 동물권 유린을 중심으로(○)

③ 제목이 길다면 주제와 부제로 나누어보자(부제는 분석 대상이나 부차적 내용)

예: 대한민국에서 평범한 인생은 무엇일까? – 〈나 혼자 산다〉 (MBC)를 중심으로(○)

예: 커뮤니티 형성 장소로서의 도서관 - 로욜라도서관 분석을 통해 본 실태와 개선 방안(○)

④ 독자의 호기심을 끌 수 있는지 생각해보자

예: 웃음은 면죄부가 될 수 있는가? - '피식대학'의 '나락퀴즈쇼' 콘텐츠 분석(○)

예: '티끌 모아 티끌' - 박명수 어록으로 알아본 밈화의 실태(○)

독후감 쓰기 가이드

① 서론에서는 책의 기본 정보와 본인의 문제의식 제시
예: 저자, 출판 연도, 기존 논의, 문제의식

② 본론에서는 사실적 요약과 비판적 분석
예: 줄거리 요약은 핵심 사건이나 인상적인 장면을 '발췌' '인용'하면서 제시
비판적 분석은 시대적 맥락과 주제 의식을 고려한 독창적 해석

③ 결론에서는 요약과 시사점
예: 작품(고전)의 현재적 의의

※ 독후감을 쓸 때 텍스트의 사실적 정보를 '요약'하기보다 인상적인 장면 중심으로 '발췌'와 '인용'하며 작성해보자.

분석적 글쓰기를 위한 가이드

글쓰기 준비 단계

① 관심이 가는(주목할 만한) 토픽을 발견했나요

② 관련 자료를 충분히 읽어보았나요

③ 본인만의 문제의식이 있나요

④ 본인의 문제의식이 기존 사실(현상)을 새롭게 보이게 하나요

글쓰기 단계

⑤ 서론, 본론, 결론의 구조를 이해하고 있나요

⑥ 본인의 문제의식을 서－본－결 구조의 개요로 작성해보았나요

⑦ 본론의 논리 구조가 주제를 전달하는 데 적합한가요

⑧ 장, 절, 단락의 개념을 이해하고 적절하게 적용하고 있나요

⑨ 서론, 본론, 결론의 장 번호를 기입했나요

⑩ 주제를 간결하게 전달하는 제목을 작성했나요

글쓰기 마무리 단계

⑪ 맞춤법과 오타, 비문 등 부적절한 표현을 수정하고 퇴고했나요

⑫ 과제 조건과 과제 목표와 부합하는지 점검했나요

⑬ 참고 문헌, 주석, 인용 등 글쓰기 윤리의 누락이 있는지 확인했나요

※ 신뢰성 있는 전문 자료를 조금 더 추가로 찾고 싶거나 혹은 학술 자료와 관련해 도움을 받고 싶다고 도서관에 문의해보세요. 글쓰기 과정에서 튜터링이 필요한 경우에는 글쓰기센터에 튜터링을 신청해보세요.

- 자기 표현의 방법일까, 족쇄일까
  - MBTI에 대한 무비판적 수용의 문제점
- 제22대 국회의원 총선에서 "페미니즘"이 사라진 이유는 무엇인가
- 아이돌 산업의 유사 연애 감정 고찰
  - 소속사 마케팅 전략 '버블'을 중심으로
- 대한민국에서 평범한 인생은 무엇일까
  - 〈나 혼자 산다〉(MBC)를 중심으로
- 기후 위기를 토로할 때 우리의 초점은 어디에 있어야 하는가
  - 그린피스 ○○○(2023) 분석
- 왜 MZ 세대는 명품에 열광하는가
  - SNS가 명품 소비에 미치는 영향
- 팝업 스토어 열풍의 종착지는 어디인가
  - MZ 세대의 소비 트렌드 분석과 비판을 중심으로
- MZ 세대의 도파민 중독, 이대로 괜찮은가
- 커뮤니티 형성 장소로서의 도서관
  - 로욜라도서관 분석을 통해 본 실태와 개선 방안
- 스케이트 보드 문화를 지켜라
  - 문화적 게이트 키핑의 행태와 가치 보전의 역할을 중심으로
- 후원 단체의 선행이란 이름 속의 폭력
  - 유니세프의 후원 장려 광고 연출 방식을 중심으로
- '티끌 모아 티끌'
  - 박명수 어록으로 알아본 밈화의 실태
- 성 역할 해체에 따른 연애 불만족
  - 〈연애의 참견〉을 통해 본 남성성과 여성성

- 낮은 혼인율, 높은 결혼 비용
  - EBS 다큐 〈결혼의 진화〉 분석을 중심으로
- 유럽 축구 리그의 아시아 공략
  - 아시아 시청자의 관점으로
- 1톤짜리 1회용품 팝업 스토어, "비닐봉투는 유료입니다"
  - 팝업 스토어의 환경 오염과 그린 워싱
- 온라인 사교육 보편화
  - 메가스터디의 분석을 통해서
- 크림, 믿음직한 리셀 플랫폼? 리셀 플랫폼의 숨은 이야기
  - 크림Kream 리셀 플랫폼 분석
- 시민들의 정치 양극화는 '정치' 그 자체의 영향뿐일까
  - 'NAVER'의 알고리즘 분석
- 청년 세대의 정치
  - 이준석을 중심으로
- 미국 PC주의에 대한 비판
  - PC주의가 미국 사회를 분열시키는 이유
- 유명인에 관한 정보 유포, 이대로 둬도 괜찮은가
  - 사이버렉카의 '악성 루머 유포'를 중심으로
- 디지털 시대의 개인 정보
  - 프라이버시와 데이터 독점의 교차점
- 아이돌 팬문화와 엔터테인먼트 산업
  - '사랑'에 의존한 이윤 창출
- 웃음은 면죄부가 될 수 있는가
  - '피식대학'의 '나락퀴즈쇼' 콘텐츠 분석
- MZ 세대가 영향을 미치는 패스트패션
  - MZ 세대의 소비 성향과 온라인 플랫폼 활용을 중심으로

- 브루노 마스는 모르는 '브루노 마스의 하입보이'
  - AI 커버곡의 목소리 실연권을 중심으로
- 성별 임금 격차의 실태와 원인과 해결 방안
  - 「성별 임금 격차 현황과 정책 과제」 보고서 분석
- 중소기업의 중대재해처벌법 헌법 소원 심판 청구에 관한 비판과 해결 방안
- 영화라는 우리 속에 갇힌 동물들
  - 영화 〈파묘〉 속 숨겨진 동물권 유린을 중심으로
- 의사 고시가 되어가는 수능
  - 정부의 2024 의대 증원 정책을 중심으로

논증적 글쓰기를 위한 가이드

글쓰기 준비 단계

① 적절한 논제를 탐색하기 위해 관련 자료를 충분히 검토했나요

② 출처가 확인된 믿을 만한 자료를 다양하게 탐색했나요(단행본, 논문, 칼럼, 보고서, 통계 등)

③ 논의 필요성이 있는 적절한 논제인가요

④ 논제에 부합하는 쟁점과 전제를 정리했나요

⑤ 반론의 가능성을 고려하고 있나요

⑥ 본인의 입장과 다른 입장을 가진 동료들과 의견을 나누어보았나요

글쓰기 단계

⑦ 본인의 주장을 서-본-결 구조의 개요로 작성해보았나요

⑧ 주장을 정리해보았나요(주장의 타당성)

⑨ 이유가 합리적으로 설정되었나요

⑩ 근거가 적절하게 준비되었나요

⑪ 반론을 논리적으로 방어할 수 있나요

⑫ 주장과 이유를 충분히 패러프레이즈하고 있나요

글쓰기 마무리 단계

⑬ 맞춤법과 오타, 비문 등 부적절한 표현을 수정하고 퇴고했나요

⑭ 과제 조건과 과제 목표와 부합하는지 최종 점검했나요

⑮ 참고, 인용 등 글쓰기 윤리의 문제가 없는지 확인해보았나요

평가 기준

① 독후감 쓰기 평가 기준(참조)	
독후감 쓰기 평가 기준	비고
대상 도서의 작가, 발행 연도를 확인했는가	내용, 태도
분석 내용이 적절하고 객관적인가(사실적 읽기)	내용
분석 결과가 새롭고 참신한가(비판적 읽기)	내용
서론, 본론, 결론의 구조를 적절하게 적용하고 있는가	형식
과제 요건을 확인했는가(분량, 표절률, 제목)	태도
독후 소감 토론(집담회)에 참여했는가(선택)	태도

② 분석적 글쓰기 평가 기준(참조)

분석적 글쓰기 평가 기준	비고
개인의 관심과 관찰로부터 문제 제기를 끌어내고 있는가	내용, 태도
분석 대상(텍스트, 사건)이 적절한가	내용, 맥락
분석 내용이 적절하고 객관적인가(사실적 읽기)	내용
분석 결과가 새롭고 참신한가(비판적 읽기)	내용
서론, 본론, 결론의 구조를 적절하게 적용하고 있는가	형식
과제 요건을 확인했는가(분량, 표절률, 제목)	태도
(교수자) 면담에 참여했는가	태도

③ 논증적 글쓰기 평가 기준(참조)

논증적 글쓰기 평가 기준(기존안)	비고
논제 이해가 적절한가	내용
쟁점에 부합하는 타당한 주장을 제시했는가	내용
근거가 주장을 적절하게 뒷받침하는가	내용
믿을 만한 출처에서 자료를 활용했는가	내용, 태도
서론, 본론, 결론의 요건을 갖추어 작성했는가	형식
논증적 글쓰기에 적합한 표현인가	표현

논증적 글쓰기 평가 기준(수정안)	비고
개인의 관심과 관찰로부터 문제 제기를 끌어내고 있는가	태도
전제를 타당하게 설정하고 있는가	내용, 맥락
문헌 검토를 통해 쟁점과 주장을 도출하고 있는가	내용, 태도
근거와 예시가 설득력 있게 제시되고 있는가	내용
적합한 자료를 윤리적으로 사용하고 있는가	내용, 태도
서론, 본론, 결론 구조를 적절하게 적용하고 있는가	형식
반론의 가능성에 개방적으로 대처했는가(토론 참여 등)	내용, 태도
주제 전달에 적합한 표현을 구사하고 있는가	표현

2024년 논증적 글쓰기 평가 기준에 일부 수정이 이루어졌다. 첫째, 서론에서 논의 배경을 서술할 때는 '개인의 관심과 관찰'로 시작해야 한다. 둘째, 주장을 설정하기 전에 반드시 '전제'를 명확히 확인해야 한다. 이는 담화 공동체 내에서 공유되는 주장의 맥락을 파악하는 과정이다. 셋째, 문헌 검토에 기반한 글쓰기가 필요하다. 넷째, 인용과 주석을 적합하게 사용해야 하며 신뢰할 수 있는 출처가 확인된 자료만을 활용해야 한다. 마지막으로, '표현'에 있어서 논증적 글쓰기의 특성에 맞는 적절한 표현을 사용해야 한다. 이는 생성형 AI의 표절률을 방어하고 개인의 구체적인 표현 능력을 강화하기 위한 조치다. 요컨대, 개인의 경험과 관찰, 주장의 맥락 파악, 자료의 윤리적 활용과 적절한 표현 등의 평가 기준이 보강되었다.

※ 평가 기준은 매 학기 새롭게 조정될 수 있음.

직접 인용: 출처의 원문을 그대로 가져와서 사용하는 방법으로, 따옴표를 사용해 원문을 표기한다. 원문의 표현이나 용어를 그대로 강조하고자 할 때 사용하며 3줄을 넘기지 않는 것이 좋다.

예: 유발 하라리는 "전통적인 모델은 쓸모가 없어질 것이다. (…) 나는 누구인가라는 물음이 전에 없이 다급해지고 복잡한 질문으로 떠오를 것이다. 그런 세계에서도 살아남고 번성하기 위해서는 강한 정신적 탄력성과 감정적 균형감이 필요하다"[1]라고 언급한 바 있다.

간접 인용: 원문의 내용을 자신의 언어로 요약해서 사용하는 방법으로, 원문의 내용을 충실하게 전달해야 한다. 대부분 긴 문장을 간결하게 전달하고자 할 때 사용된다. 재구성한 문장의 신뢰성을 높이기 위해 주제를 구현하는 데 필요한 원문의 핵심어를 그대로 사용하는 것이 좋다.

예: "유발 하라리는 『21세기를 위한 21가지 제언』에서 21세기는 '전통적인 모델'이 무용해지면서 정체성에 대한 고민이 심화되기 때문에 '정신적 탄력성'과 '감정적 균형감'이 필요하다고 언급한다(전병근 역, 김영사, 2018, pp. 396－397).

외주: '외'는 바깥을 뜻하는 말로 본문 바깥에 '주석'을 놓는 경우다. 주로 페이지 하단에 표시되는 경우다.

예: 유발 하라리, 『21세기를 위한 21가지 제언』, 전병근 역, 김영사, 2018, pp. 40－41.

내주: 본문 '내부'에 '주석'을 표기한다는 뜻이다.

예: 위의 간접 인용 사례를 참고.

주석과 참고 문헌: 주석과 참고 문헌은 사용 목적이 다르다. 주석이 타인의 글을 인용하거나 추가적인 설명을 제공하기 위해 사용된다면, 참고 문헌은 글을 완성하는 데 도움을 받은 모든 자료를 나열하는 목록이다. 주석은 위치에 따라 각주footnote 또는 미주endnote로 나누거나 외(각)주, 내(각)주 등으로 분류한다. 학술 스타일에 따라 APA, MLA, Chicago 스타일로 나눈다.[2]

※ 논문 검색 사이트에서 '인용(하기)' 서비스를 사용할 경우 일관된 기준 적용
※ 다음은 외주와 내주의 기본 원칙
※ 국외 논저(주석) 저자 이름: 이름, 성

내주

- 박숙자(2014)에 따르면
- 박숙자(2014 : 50)는
- ~ 이를 두고 속물교양이라고 한다(박숙자, 2014 : 3)
- 김태원(2023 : 00 : 02 : 15 − 00 : 02 : 52)

외주

- 박숙자, 『속물교양의 탄생』, 서울: 푸른역사, 2014, pp. 40 - 41.
- 이상헌, 「인공지능의 책임 쟁점에 대한 비판적 고찰」, 『신학과 철학』 45호, 서강대학교 신학연구소, 2023. 12, pp. 100−102.
- 위의 글, p. 100.
- 박숙자, 앞의 책, p. 39.
- 한병철, 『피로사회』, 김태환 역, 문학과지성사, 2012.
- 서강대 국어국문학과 글쓰기 교재 편찬위원회, 『자연계 글쓰기』, 서강대학교 출판부, 2023, p. 65.

- Andrew Bennett, *Readers and reading,* London∶Longman, 1995.
- A. E. Cunningham, and K. E. Stanovich, "What Reading Does for the Mind," *Journal of direct instruction* 1(2), 2001, pp. 137– 149.
- Ibid., p. 138.
- Andrew Bennett, Op.cit., p. 35.
- 김태원, "셰익스피어는 진짜인가", 서강대학교 교수학습센터, 2023. 12. 15. https∶//www.youtube.com/watch?v=cuV3g4kzieg&t =733s?(2025. 1. 10).

인문사회학 관련 DB (서강대학교 로욜라도서관 제공)

- America History and Life with Fulltext: 미국 및 캐나다 역사 관련 저널의 서지 및 200여 종의 원문 제공
- ATLA Religion Database with ATLASerials: 미국신학도서관협회ATLA에서 제공하는 신학 분야의 권위 있는 연구 DB로 서지 정보와 원문 제공
- Brill Journal Collection: 인문사회과학, 국제법 및 생물학 중심의 300여 종의 저널 제공
- British Periodicals I Collection: 초기(약 3세기) 영국의 역사, 문화, 정치 관련의 학술적 가치가 높은 160여 종의 저널 제공
- CAJChina Academic Journal with CDMD: 전자 저널을 제공하는 가장 큰 Chinese Database로 10개 분야 8,700여 종의 저널을 제공, 문학·역사·철학 분야인 文史哲 SeriesLiterature·History·Philosophy 이용 가능
- CDMDChina Doctoral/Masters Dissertation DB, 中國博/碩士論文全文數據庫의 석박사 학위 논문도 이용 가능
- Cambridge University PressHSS package: Cambridge University Press가 출간한 Humanities Social SciencesHSS 분야 저널 261종을 제공
- De Gruyter e-JournalHSS Collection: 독일 출사인 De Gruyter에서 제공하는 인문사회 분야 저널 258종 제공
- Duke University Press: 인문사회과학 전반에 걸친 저널의 원문 제공(2008년 저널만 이용 가능)
- Electronic Enlightenment: 17세기부터 19세기 후반까지 활약한 계몽사상가, 작가, 과학자들이 남긴 왕래 서신의 콜렉션으로 볼테르, 루소, 뉴턴, 칸트 등을 비롯한 8,331명 이상의 인물이 작성한 67,875점 이상의 서신 제공
- Historical Abstracts with Full Text: 전 세계 역사(미국 및 캐나다 제외)를 다루고 있으며 2,700여 종의 저널에 대한 색인 및 초록 정보를 포함하며 400여 종 이상의 저널과 140여 권 이상의 단행본 Full Text 제공

- Humanities International Complete: 역사와 철학, 문화와 예술 등의 인문학 분야 DB로 320만여 건의 색인, 초록 레코드와 1,200여 종의 학술 저널 원문, 600여 권의 단행본 원문 제공

- KoreaA2Z: 조선왕조실록, 한국민족문화대백과사전을 비롯한 한국학 분야의 전문 학술 DB 콘텐츠 제공, 디지털문화예술강좌 제공(도서관 로그인 후 사용 가능, 모바일 서비스 동일)

- KRpia: 한국학 및 한국 문화 관련 포괄적 문화 콘텐츠 제공

- MLA International Bibliography: 미국현대언어학회MLA: Modern Language Association 에서 제작하는 문학, 언어학, 비평, 드라마, 민속학 분야 서지 DB

- One Literature: 문학 및 언어학을 포괄적으로 다루는 DB, 희곡, 시, 산문 등 약 50만 편의 1차 문헌을 비롯해 비평, 리뷰, 전자책, 멀티미디어 등 다양한 자료 제공

- LIONLiterature Online: DB를 100퍼센트 포괄하며 보다 폭넓은 주제의 콘텐츠를 제공함

- PAOPeriodicals Archive Online: 인문사회 분야의 비중 있는 학술지 770종의 창간호부터 2005년까지의 원문 제공

- ProQuest Historical Periodicals: 인문사회 분야의 1, 2차 문헌 자료로서 역사적 가치가 높은 연속 간행물로 구성된 아카이브 컬렉션

- Project MUSE: Humanities Collection 208종 저널의 원문 제공

- 한국민족문화대백과사전: 한민족의 모든 문화와 역사 정보를 수록하며 사진 자료, 동영상, 음향 등의 멀티미디어 자료 제공

- 한국학 종합 DB: 한국역대문집총서 및 한국지리풍속지총서에 대한 목차 및 원문 제공

- PressReader: 국내외 전자 잡지 및 일간지

- 모아진: 국내 잡지

- Statista: 통계 자료, 마켓 리서치, 업종별 분석 리포트

- KSDC: 사회과학 연구, 특히 양적 연구 자료 제공, 온라인 통계 분석

- TS2000: 기업 정보, 산업 정보, 재무 정보 조회

글쓰기 윤리 점검표

① 과제 요건을 확인했는가

② 출처가 분명한 자료를 사용했는가

③ 본인의 사유와 타인의 사유를 구별하면서 적절하게 인용했는가

④ 타인의 문서를 임의로 전유하거나 인용 표시 누락을 하고 있지는 않은가

⑤ 생성형 AI의 결과를 주체적·비판적으로 검토하고 있는가

부적절한 사례

위조: 없는 자료를 허위로 만들어 쓰는 경우

변조: 연구 자료를 인위적으로 조작하는 경우

표절: 타인의 저작물을 출처 표기 없이 사용하는 경우

자기 표절: 이전에 (다른 수업에서 제출)했던 본인의 글쓰기를 중복 사용하는 경우

생성형 AI의 부적절한 사용: 생성 결과를 본인의 문장으로 그대로 사용하는 경우

표절률 계산

• 대개 6어절이 연속적으로 일치할 경우 표절 처리된다

• 인용 문장은 직접 인용(겹따옴표" ") 표시를 하자

• 학습 윤리를 보호하는 표절률 검사 도구를 활용해보자

생성형 AI의 부적절한 활용 사례

① 학문적 윤리 위반

: 충분한 자료 조사 없이 생성 결과를 그대로 사용하는 경우

: 출처가 확인되지 않거나 허위인 자료를 그대로 수용해서 허위 정보를
전달하는 경우

→ 생성형 AI의 생성 결과는 다양한 학습 도구를 통해 비교 검토한 후
   사용

② 표절, 도용

: 생성형 AI의 생성 결과를 과제에 그대로 (부분적으로) 삽입하는 경우

→ 생성형 AI의 생성 결과를 그대로(부분) 사용할 경우에는 주석 표시

③ 학습자의 성실 의무 위반

: 과제 요건에 부합하지 않는 과제 제출

→ 자신과 타인의 사유를 구별하는 훈련이 학습의 기본

→ 프롬프트 쓰기 연습, 참조 도구로 활용

참고 문헌

국내 논저

고려대 사고와표현 편찬위원회, 『대학 글쓰기의 이해』, 고려대학교 출판부, 2014.

곽수범, 「생성형 AI, 글쓰기의 동반자일까 방해물일까: ChatGPT를 활용한 교육 현장 실험」, 『독서연구』, 한국독서학회, 2024.

권범철, 『예술과 공통장』, 갈무리, 2024.

권여선, 『안녕 주정뱅이』, 창비, 2016.

글쓰기 교과 교재편찬위원회, 『주제연구』, 경희대학교 출판문화원, 2020.

김미란, 「대학의 글쓰기 교육과 장르 선정의 문제」, 『작문연구』 9, 한국작문학회, 2009.

김성수 외, 『생각하고 소통하는 글쓰기』, 삼인, 2018.

김성우, 『인공지능은 나의 읽기 쓰기를 어떻게 바꿀까』, 유유, 2024.

김승섭, 『아픔이 길이 되려면』, 동아시아, 2017.

김지혜, 『선량한 차별주의자』, 창비, 2019.

김철수, 『챗GPT와 글쓰기』, 위키북스, 2023.

김초엽·김원영, 『사이보그가 되다』, 사계절, 2021.

김현경, 『사람 장소 환대』, 문학과지성사, 2015.

김현준, 「생성형 AI는 무엇을 '생성'하는가?: 커뮤니케이션 생성 엔진」, 『문화과학』 114, 문화과학사, 2023. 6.

나오미 배런, 『다시, 어떻게 읽을 것인가』, 전병근 역, 어크로스, 2023.

나오미 배런, 『쓰기의 미래: AI라는 유혹적 글쓰기 도구의 등장, 그 이후』, 배동근 역, 북트리거, 2025.

나은미, 『챗GPT의 시대, 대학 글쓰기 교육에 대한 성찰 및 교육 방향에 대한 고찰』, 한성대 한성어문학회, 2024.

노대원·홍미선, 「ChatGPT 글쓰기 표절 대응과 교육적 활용 전략」, 『국어교육연구』 82, 국어교육학회, 2023.

로런 벌렌트, 『잔인한 낙관』, 박미선·윤조원 역, 후마니타스, 2024.

로지 브라이도티, 『포스트휴먼』, 이경란 역, 아카넷, 2015.

류동민,『서울은 어떻게 작동하는가』, 코난북스, 2014.

린다 플라워,『글쓰기의 문제 해결 전략』, 원진숙·황정현 역, 동문선, 1998.

마르쿠스 가브리엘,『지나치게 연결된 사회』, 이진아 역, 베가북스, 2022.

마사 누스바움,『학교는 시장이 아니다』, 우석영 역, 궁리, 2016.

마우리치오 랏자라또,『기호와 기계』, 신병현·심성보 역, 갈무리, 2017.

매리언 울프,『다시, 책으로: 순간 접속의 시대에 책을 읽는다는 것』, 전병근 역, 어크로스, 2019.

민병곤,『(별책1) 논증적 글쓰기 채점 매뉴얼』, 국립국어원, 2023.

바바라 민토,『논리의 기술』, 이진원 역, 더난출판, 2004.

박권일,『한국의 능력주의』, 이데아, 2021.

박민규,『카스테라』, 문학동네, 2005.

박서현 외,『지식을 공유하라』, 빨간소금, 2022.

박서현,「한국 학계에서 지식 커먼즈의 대안적 생산에 대하여: 인문사회계 분야를 중심으로」,『사회과학연구』59(1), 2020.

박숙자,「챗GPT와 대학 글쓰기: 학습자 중심의 AI 피드백 – 문장 첨삭을 중심으로」,『교양학연구』27, 다빈치미래교양연구소, 2024.

발터 벤야민,「경험과 빈곤」,『역사의 개념에 대하여』, 최성만 역, 길, 2008.

발터 벤야민,「이야기꾼」,『서사, 기억, 비평의 자리』, 최성만 역, 길, 2012.

브뤼노 라투르,『우리는 결코 근대인이었던 적이 없다』, 홍철기 역, 갈무리, 2009.

브뤼노 라투르,『판도라의 희망』, 장하원·홍성욱 역, 휴머니스트, 2018.

서강대 교양국어 교재편찬위원회,『읽기와 쓰기』, 서강대학교 출판부, 2011.

서강대 국어국문학과 글쓰기 교재 편찬위원회,『자연계 글쓰기』, 서강대학교 출판부, 2023.

서강대학교 교양국어 교재편찬위원회,『움직이는 글쓰기』, 2006.

서울과학기술대학교 논리적 글쓰기 교재편찬위원회,『논리적 글쓰기』, 태학사, 2024.

서울대학교 대학국어편찬위원회,『대학 국어: 글읽기와 글쓰기』, 서울대학교 출판부, 2009.

쇼샤나 주보프,『감시 자본주의 시대』, 김보영 역, 문학사상사, 2021.

수전 손택,『타인의 고통』, 이재원 역, 이후, 2004.

수전 제이코비,『반지성주의 시대』, 박광호 역, 오월의봄, 2020.

스티븐 E 툴민,『논변의 사용』, 임건태·고현범 역, 고려대학교 출판부, 2006, p. 32.

안토니오 네그리·마이클 하트,『공통체』, 정남영·윤영광 역, 사월의책, 2014.

앵거스 필립스·마이클바스카,『옥스퍼드 출판의 미래』, 정지현 역, 교유서가, 2024.

야마구치 슈,『뉴타입의 시대』, 김윤경 역, 인플루엔셜, 2020, p. 34.

엄기호 · 김성우, 『유튜브는 책을 집어삼킬 것인가』, 따비, 2020.

오선경 외, 「대학 글쓰기에서의 생성형 AI 활용 윤리에 대한 학부생 인식 연구」, 『리터러시 연구』 14(4), 한국리터러시학회, 2023.

오찬호, 『우리는 차별에 찬성합니다』, 개마고원, 2013.

원만희 외, 『학술적 글쓰기』, 성균관대학교 출판부, 2021, p. 108.

원만희, 「학술적 글쓰기에 있어서 '분석적/비판적' 글쓰기의 중요성과 실습 매뉴얼」, 『작문연구』 25, 한국작문학회, 2015.

위르겐 하버마스, 『의사소통 행위 이론』, 장춘익 역, 나남, 2006.

유용민, 「하버마스, 공론장 그리고 최후의 믿음: 공론장의 새로운 구조변동에 관한 최근 논의에 부쳐」, 『언론과 사회』 32(1), 2024. 2.

유발 하라리, 『21세기를 위한 21가지 제언』, 전병근 역, 김영사, 2018.

유현주, 『텍스트, 하이퍼 텍스트, 하이퍼 미디어』, 문학동네, 2017.

윤종수, 「지식커먼즈와 저작권법 그리고 CCL」, 『지식을 공유하라』, 빨간소금, 2022.

이광석, 『데이터 사회 비판』, 책읽는수요일, 2019.

이광석, 『디지털의 배신』, 인물과사상사, 2020.

이동연, 「유튜브, 플랫폼 제국의 판타스마고리아」, 『문화과학』 98, 문화과학사, 2019.

이삼형 · 이지선, 권대호, 「합리적인 의사소통 교육을 위한 정당화 연구」, 『국어교육』 164, 한국어교육학회, 2019.

이상헌, 「인공지능의 책임 쟁점에 대한 비판적 고찰」, 『신학과 철학』 45호, 서강대학교 신학연구소, 2023. 12.

이수연, 『좋은 문장 표현에서 문장 부호까지』, 마리북스, 2024.

이철승, 『불평등의 세대』, 문학과지성사, 2019.

임태훈, 「쓰면 현실이 된다: AI를 혁명적 현실 생성 도구로 사용하기」, 『문화과학』 114, 문화과학사, 2023.

장은수, 「추천의 글」, 『옥스퍼드 출판의 미래』, 앵거스 필립스 · 마이클 바스카, 교유서가, 2024.

정제영 외, 『챗GPT 교육 혁명』, 포르체, 2023.

정하웅 외, 『구글 신은 모든 것을 알고 있다』, 사이언스북스, 2013.

정희모, 『글쓰기 교육과 협력학습』, 삼인, 2006.

정희진, 『정희진처럼 읽기』, 교양인, 2014.

제임스 폴 지, 『사회언어학과 서로 다른 리터러시』, 김영란 외 공역, 사회평론아카데미, 2019.

조병영, 『읽는 인간 리터러시를 경험하라』, 쌤앤파커스, 2021.

조셉 윌리엄스, 『논증의 탄생: 21세기 민주시민을 위한 비판적 사고, 토론, 글쓰기 매뉴얼』, 윤영삼 역, 크레센도, 2021, p. 38.

존 트림블, 『살아있는 글쓰기』, 이창희 역, 이다미디어, 2011.

지그문트 바우만, 『왜 우리는 불평등을 감수하는가』, 안규남 역, 동녘, 2019.

천정환·정종현, 『대한민국 독서사』, 서해문집, 2018.

천현득, 「챗GPT 앞뒤로 던지는 질문들… '사실·성찰' 없다」, 『교수신문』, 2023. 4. 13.

최윤, 『하나코는 없다』, 문학과지성사, 1994.

최재붕, 『포노사피엔스』, 쌤앤파커스, 2019.

테리 이글턴, 『문학을 읽는다는 것은』, 이미애 역, 책읽는수요일, 2016.

파울로 프레이리, 『희망의 교육학』, 교육문화연구회 역, 아침이슬, 2002.

한강, 『채식주의자』, 창비, 2007.

한국역사연구회, 『한국사 한 걸음 더』, 푸른역사, 2018.

한나 아렌트, 『예루살렘의 아이히만』, 김선욱 역, 한길사, 2006.

한디디, 『커먼즈란 무엇인가』, 빨간소금, 2024.

한병철, 『서사의 위기』, 최지수 역, 다산초당, 2023.

「글쓰기 길잡이」, 서강대학교 글쓰기센터, https://writing.sogang.ac.kr/front/
guide/guide.do.

「서강 필독서」, 서강대 로욜라도서관, https://library.sogang.ac.kr/digicol/list/1.

「챗GPT 종합 안내 홈페이지」, 성균관대학교, https://chatgpt.skku.edu/chatgpt/
index.do.

「챗GPT(ChatGPT) 활용 가이드 라인 제정」, 고려대학교, 2023. 12. 8., https://ic.ko
rea.ac.kr/ic/newsletter/now.do?mode=view&articleNo=338604&article.
offset=0&articleLimit=10&totalNoticeYn=N&totalBoardNo=.

국외 논저

Baron, Dennis E., *A Better Pencil,* England: Oxford University Press, 2009.

Benson, Rodney, "Shaping the Public Sphere: Habermas and Beyond", *The American Sociologist* 40(3), 2009.

Chomsky, Noam, "The False Promise of ChatGPT", *The New York Times*, 2023. 3. 8, https://nytimes.com/2023/03/08/opinion/noam-chomsky-chatgpt-ai.html.

Cope, Bill, and Kalantzis, Mary, eds. *A Pedagogy of Multiliteracies: Learning by Design,* Springer, 2016.

Deans, Thomas, "Book Review-Writing Futures: Collaborative, Algorithmic, Autonomous", *Composition Studies* 51, 2023, pp. 187-198.

Driscoll, Beth, *What Readers Do: Aesthetic and Moral Practices of A Post-digital Age,* London: Bloomsbury Academic, 2024.

Eberly, Rosa A., *Citizen Critics,* Illinois: University of Illinois Press, 2000.

Gordon, Cindy, "How Are Educators Reacting To Chat GPT?", *Forbes,* 2023. 4. 30.

Haavisto, Camilla, "It's There to Trigger De-learning": Toward a Video-centered Pedagogy of Difference", *Media Education On the Top,* 2021, pp. 73-86, https://writingcenter.uagc.edu/using-generative-ai-such-chatgpt-research-writing.

Halaweh, Mohanad, "ChatGPT in Education: Strategies for Responsible Implementation", *Contemporary Educational Technology,* 15(2), 2023, https://digitallibrary.aau.ac.ae/bitstream/handle/123456789/980/ChatGPT%20in%20education_%20Strategies%20for%20responsible%20implementation.pdf?sequence=1&isAllowed=y.

Havard Summer School, "Should I Use ChatGPT to Write My Essays?", 2023. 9. 6, https://summer.harvard.edu/blog/should-i-use-chatgpt-to-write-my-essays.

Kamler, Barbara, *Relocating the Personal: A Critical Writing Pedagogy,* Albany: SUNY Press, 2001, p. 79.

Kleiman, Glenn, "Teaching Students to Write with AI: The SPACE Framework", *MEDIUM,* 2023. 1. 15, https://medium.com/the-generator/teaching-students-to-writewith-ai-the-space-framework-f10003ec48bc.

Marche, Stephen, "The College Essay Is Dead", 2022. 12. 6, https://theatlantic.com/technology/archive/2022/12/chatgpt-ai-writing-college-student-essays/672371.

McDowell, Zachary J., and Vetter, Matthew A., "It Takes a Village to Combat a Fake News Army: Wikipedia's Community and Policies for Information Literacy", *Social Media+ Society* 6(3), 2020.

McMurtrie, Beth, "AI and the Future of Undergraduate Writing", *Chronicle of Higher Education* 69(9), 2023.

Merchant, Guy, "Writing the Future in the Digital ge", *Literacy* 41(3), 2007, pp. 118-128.

Mollick, E., and Mollick, L., "Assigning AI: Seven Approaches for Students, with Prompts", *Computers and Society*, 2023, https://arxiv.org/abs/2306.10052.

Mollick, E., and Mollick, L., "Student Use Cases for AI", Harvard Business Publishing Education, 2023. 9. 25, https://hbsp.harvard.edu/inspiring-minds/student-use-cases-for-ai.

Sedgwick, Eve Kosofsk, "Paranoid Reading and Reparative Reading, Or You're So Paranoid, You Probably Think This Essay is About You", *Touching Feeling: Affect, Pedagogy, Performativity*, Durham: Duke University Press, 2003, pp. 123-152.

Steiss, Jacob., etc, "Comparing the Quality of Human and ChatGPT Feedback of Students' Writing", *Learning and Instruction* 91, 2024.

Thistlethwaite, Linda L., "Critical Reading for At-risk Students", *Journal of Reading* 33(8), 1990, pp. 586-593.

UAGC Writing center, "Grammarly, A Free Proofreading Tool", https://writing-center.uagc.edu/grammarly.

UAGC Writing center, "Using Generative AI (such as ChatGPT) for Research & Writing", https://writingcenter.uagc.edu/using-genertive-ai-such-chatgpt-research-writing.

UNESCO, *ChatGPT and Artificial Inetlligence in Higher Education*, 2023, https://unesdoc.unesco.org/ark:/48223/pf0000385146.

Valverde-Berrocoso, Jesъs, Alberto Gonzбlez-Fernбndez, and Jesъs Acevedo-Borrega, "Disinformation and Multiliteracy: A Systematic Review of the Literature", *Comunicar: Media Education Research Journal* 30(70), 2022, pp. 97-110.

Volet, Simone, Summers, Mark, and Thurman, Joanne, "High-level Co-regulation in Collaborative Learning: How Does It Emerge and How Is It Sustained?", *Learning and Instruction* 19.2 (2009): 140.

Zengilowski, Allison, et al., "The Collective Classroom "we": The Role of Students' Sense of Belonging on Their Affective, Cognitive, and Discourse Experiences of Online and Face-to-face Discussions", *Linguistics and Educatio.*

미주

1부 코로나19 이후, AI 시대의 대학

1   '판도라의 희망'은 라투르의 책 제목에서 아이디어를 얻었다. 라투르는 '판도라의 상자'의 어법을 변용해서 재해석하고 있다(브뤼노 라투르, 『판도라의 희망』, 장하원·홍성욱 역, 휴머니스트, 2018). 본고에서는 라투르의 행위자 네트워크 이론을 아이디어 차원에서 부분적으로 참고했다. 학습자가 맺는 여러 관계, 네트워크의 중요성을 강조하며 학습자 간의 연결, 학습자 기술의 적절한 연결, 학습자–기관의 연결 등을 강조하며 쓰기 행위가 이런 과정을 통해 학습된다는 사실을 강조하고자 했다.

2   마사 누스바움은 '공부를 넘어 교육으로' 언급하며 교육의 역할에 대해 질문한다(『학교는 시장이 아니다』, 우석영 역, 궁리, 2016). 2011년 번역 출판된 당시의 제목이 '공부를 넘어 교육으로'이며, 원제는 "Not for Profit: Why Democracy Needs the Humanities"다.

3   빌 코프와 메리 칼란치스는 다중(멀티) 리터러시를 제안하며 '리터러시들'을 개념화한다(B Cope, M Kalantzis, *A pedagogy of Multiliteracies: Learning by Design*, Springer, 2016).

4   이 책에서는 맥락에 따라 '학습자'와 '학생'이라는 용어를 혼용해 사용할 예정이다.

5   로런 벌렌트, 『잔인한 낙관』, 박미선·윤조원 역, 후마니타스, 2024, p. 403.

6   앞의 책, p. 17. 이 책에서 '상황'은 알랭 바디우의 '사건' 개념과 연동하는 개념이되 존재를 급진적으로 개방시켜 사람과의 관계를 변화시키는 개념으로 사용한다.

7   '표준어와 올바른 글쓰기 방법, 전통적으로는 위대한 작가들의 이상화된 규범'(B Cope, M. Kalantzis, p. 1).

8   나오미 배런은 다중 문해력에 대해 "다중 문해력 개념은 언어의 다양성과 그것의 사회적·문화적·정치적 원천들을 인정하는 것이었다. 또한 여기에는 글쓰기를 넘어 말과 몸짓, 시각적 의사소통까지 포함되었다. 조금 더 넓게 말하면 다중 문해력 접근법은 우리 사회에서 노동자 시민 개인으로 살아가는 학생들의 화용론에서 다중의 언어적 문화적 차이를 극복하는 문제가 얼마나 중요한지를 강조한다"(『다시, 어떻게 읽을 것인가』, 전병근 역, 어크로스, 2023, p. 50).

9   같은 책.

10 서강대학교 교양국어 교재편찬위원회, 『읽기와 쓰기』, 서강대학교 출판부, 2011, p. 65.

11 같은 책.

12 Zachary J. McDowell and Matthew A. Vetter, "It takes a village to combat a fake news army: Wikipedia's community and policies for information literacy", *Social Media + Society* 6.3 2020.

2부 누가 쓰는가

1 유발 하라리, 『21세기를 위한 21가지 제언』, 전병근 역, 김영사, 2018, p. 39.

2 경희대 후마니타스에서는 2020년 『주제연구』(경희대 출판문화원)를 펴내며 "'학문을 위한 학문'에서 벗어나 시대와 호흡하는 글쓰기의 필요성"을 언급하며 인류가 처한 위기를 직시하고 대안을 모색하는 방법으로 '주제연구-학술 글쓰기'를 제안한 바 있다.

3 미국의 시인이자 소설가인 웬델 베리의 문장으로 매리언 울프는 '느낄 수 있는 생각'이 깊이 읽기로 나아가는 징검다리와 같은 개념이라고 언급한다(매리언 울프, 앞의 책, p. 76).

4 B. Kamler, *Relocating the Personal: A Critical Writing Pedagogy,* SUNY Press, 2001, p. 79.

5 야콥슨의 의사소통 과정에서 의미를 결정하는 6가지 구성 요소는 발신자, 수신자, 메시지, 맥락, 코드, 접촉 등이다. 발신자는 메시지를 전달하는 주체이고, 수신자는 발신자가 보낸 메시지를 이해하는 주체이며 '메시지'는 발신자가 전달하려는 내용이다. '맥락'은 메시지가 전달되는 배경이나 상황이며 '코드'는 메시지를 구성하는 데 사용되는 언어적 체계와 약속(암호)이다. '접촉'은 의사소통이 이루어지는 매체나 수단으로 활용했다.

6 교실 앞쪽 거대한 슬라이드에 공유 협력툴인 구글독스가 실시간으로 공유되고 있다. 학생들은 이 협력툴을 일종의 웹칠판처럼 한 학기 동안 사용한다. 학생들이 매 시간 기록한 것들은 축적하면서 일종의 '학습의 공유지'로 활용한다.

7 매리언 울프, 『다시, 책으로: 순간 접속의 시대에 책을 읽는다는 것』, 전병근 역, 어크로스, 2019, p. 182.

8 한병철, 『서사의 위기』, 최지수 역, 다산북스, 2023, pp. 7-8.

9 한병철은 발터 벤야민의 「경험과 빈곤」을 참조하면서 경험의 전승에 근거한 이야기(하기)의 위기가 결과적으로 '벌거벗은 삶'으로 이어진다고 지적한다. 이때 '벌거벗은 삶'은 기술 우위 시대에 '생존' 중심의 삶을 일컫는다(위의 책, p. 30).

10 마사 누스바움, p. 57.

11 서강대 국어국문학과 글쓰기 교재 편, 『자연계 글쓰기』, 2023, p. 60.

12 스토리는 이야기를 뜻하고, 스토리텔링은 이야기를 말하는 것이며, 서사narrative는 스토리를 전달하는 구조나 형식을 포함하는 개념이다. 즉, 서사는 누가 말하고 어떻게 말하는지, 구조화된 세계를 구현하는 이야기로 정리할 수 있다(내러티브는 'narrare'(말하다)에 연원을 둔다).

13 정희모는 협동 학습과 협력 학습을 구분하며 협동 학습이 모둠 학습 방식을 활용해 문제에 대한 최선의 해결책을 찾는 학습이라면 협력 학습은 최선의 해결책보다 토론을 통해 잠재적인 능력을 함양하는 학습이다(정희모, 『글쓰기 교육과 협력 학습』, 삼인, 2006, p. 6). 이 글에서는 협동과 협력을 동시에 사용할 예정이며 맥락에서 따라 그 의미가 다르지만 기본적으로 정희모가 언급한 '협력 학습'의 개념에 가깝다.

14 이는 '자아' 경계를 재구조화한 자아테크놀로지다. 이 책에서는 '회복적' 쓰기의 개념으로 설명하고자 했다. 이때 '회복'은 삶과 앎을 연결해서 나와 너의 돌봄을 가능하게 하는 원리다.

15 매리언 울프, 앞의 책, p. 170에서 재인용.

16 『다시, 책으로』, p. 182.

17 조원은 5–6명 정도로 구성한다. 선정 도서는 매 학기 다르다. 대개 대학 '필독서'와 '고전'에 준하는 목록을 제시한다.

18 박서현, 「한국 학계에서 지식 커먼즈의 대안적 생산에 대하여: 인문사회계 분야를 중심으로」, 『사회과학연구』, 59(1), 2020, p. 191.

19 커먼즈는 공통적인 것(자원)을 나누는 것을 뜻한다. 한디디는 커먼즈를 전통적으로 '공동체가 관리하는 자원'으로 전제하지만 '공동체'가 커머닝의 산물이라는 점을 염두에 두면서 커먼즈가 '함께 생산하고 나누는 관계 속에서 구성되는 세계'라고 정의한다. 또한 권범철은 커먼즈를 '공통장'으로 번역하며 주체와 재화 활동을 갖춘 하나의 체계로 다룬다(권범철, 『예술과 공통장』, 갈무리, 2024, p. 11). 본고에서 커먼즈는 '인류 공통의 공공재로서의 지식'을 함께 생산하는 수행적 행위를 강조하면 '커먼즈'를 사용한다(한디디, 『커먼즈란 무엇인가』, 빨간소금, 2024, pp. 27–73).

20 '세계문학'이라는 말을 대신해서 '고전'이라는 말을 선택했다(F. Moretti, "Conjectures on world literature", *New Left Review* 2(1), 2000, pp. 54–68).

21 학생들과 나눴던 이야기를 수업 직후 복기해서 재구성한 것이다. 원래 문장과 같지는 않지만 학생들이 전달하고자 한 의도를 일반적인 수준에서 정리했다.

22 매리언 울프, 앞의 책, p. 79.

3부 어떻게 읽을 것인가

1 장은수, 「추천의 글」, 『옥스퍼드 출판의 미래』, 앵거스 필립스·마이클 바스카, 교유서가, 2024, p. 22.

2 파울로 프레이리, 『희망의 교육학』, 교육문화연구회 역, 아침이슬, 2002, p. 118.

3 기존 방식('읽기의 조직화' 4단계)을 수용하되 사실적 읽기와 비판적 읽기의 활동을 조금 더 강화하는 방식으로 수정·보강했다(『읽기와 쓰기』, 서강대학교 출판부, 2011, p. 65).

4 대개의 논문 서두에서 '초록'을 쓰게 되어 있는데 '초록'의 구조는 연구 목적, 연구 내용, 기대 효과 등으로 3단락으로 내용이 나뉜다.

5 https://writing.sogang.ac.kr/front/guide/guide_07.html.

6 한나 아렌트, 『예루살렘의 아이히만』, 김선욱 역, 한길사, 2006, p. 105.

7 이삼형 외, 『독서』, 지학사, 2018.

8 L. L. Thistlethwaite, "Critical reading for at-risk students", *Journal of Reading* 33(8), 1990, pp. 586-593.

9 '비판적 읽기'의 구체적 내용은 위의 논문을 참조해 정리했다. 이 글에서 '독자'는 담화 공동체의 논의를 담지하고 있는 독자다.

10 지그문트 바우만, 『왜 우리는 불평등을 감수하는가』, 안규남 역, 동녘, 2019.

11 조금 더 정확한 맥락 파악을 위해 마거릿 대처 재단에서 제공하고 있는 자료를 참고했다. 「마거릿 대처 연설」, 1975. 9. 15, https://margaretthatcher.org/document/102769.

12 대처의 이 연설에서 전제와 근거는 동어 반복적이라고 볼 정도로 그 의미가 모호한 것이 사실이다.

13 지그문트 바우만, 『우리는 왜 불평등을 감수하는가』, 안규남 역, 동녘, 2019, p. 39.

14 야마구치 슈, 『뉴타입의 시대』, 김윤경 역, 인플루엔셜, 2020, p. 34.

15 김초엽·김원영, 『사이보그가 되다』, 사계절, 2021, pp. 23-24.

16 위의 글.

17 C. Haavisto, "It's There to Trigger De-learning: Toward a Video-centered Pedagogy of Difference": *Media Education On the Top,* 2021, pp. 73-86.

18 같은 글.

19 조병영, 『읽는 인간 리터러시를 경험하라』, 쌤앤파커스, 2021, P. 208.

20 https://youtube.com/watch?v=GbQomqb28os.

21 조별 활동, 2024-1학기.

22 https://writing.sogang.ac.kr/front/guide/guide.do.

23 A. King, "Transactive Peer Tutoring: Distributing Cognition and Metacogni-
    tion", *Educational Psychology Review* 10, 1998, p. 57.

24 온라인 협력툴로 수업 시간에 주로 활용한 것은 구글독스, 노션, 패들렛 등이다.
    구글독스의 경우는 매 시간 웹칠판 용도로 사용했고, 노션은 과제 알림과 파일
    공유, 패들렛은 피드백 용도로 활용했다.

25 과제 요건은 다음과 같다. ① 제목, 서 – 본 – 결 구조, 키워드 5개, ② 4,000자 이
    내, ③ 서론에서는 토픽과 문제의식 제시, ④ 본론에서는 주목할 만한 인문사회
    현상(사건, 텍스트) 분석, ⑤ 결론에서는 서론과 본론 요약, ⑥ 표절률은 15퍼센트
    (챗GPT 표절률 포함).

26 「쇼츠와 릴스의 시대, 청년들의 독서 열풍 '텍스트힙'이 뭐길래?」, MBC NEWS,
    2024. 8. 9.

4부 어떻게 쓸 것인가

1   스티븐 툴민은 '요구'라는 말로 언급한다. '하나의 주장 안에 함축된 요구'라는 말
    로 논증의 주장을 정리한다(스티븐 E. 툴민, 『논변의 사용』, 임건태·고현범 역, 고려대
    학교 출판부, 2006, p. 32.

2   조셉 윌리엄스, 『논증의 탄생: 21세기 민주시민을 위한 비판적 사고, 토론, 글쓰
    기 매뉴얼』, 윤영삼 역, 크레센도, 2021, p. 38.

3   본문에 사용된 예시는 『논증의 탄생』에 나와 있는 예문을 참고해서 재구성한 것
    이다.

4   조셉 윌리엄스, p. 173.

5   이외에도 논증적 글쓰기에서 익혀야 하는 논증 방법이 있다. 연역, 귀납, 유추, 인
    과 등이 있는데 이 방법을 익혀서 주장과 근거를 연결하는 '논리 구성'을 연습해
    보자. 서강대 국어국문학과 글쓰기 교재 편찬위원회 편, 『자연계 글쓰기』, 2023,
    p. 160.

6   조병영은 새로운 시대의 새로운 리터러시로 '인터넷 시대'의 '뉴미디어'의 등장
    을 거론하며 '미디어 리터러시'로 칭하는데, 이 글에서 디지털 리터러시로 칭한
    것은 다양한 학술 DB까지 포함하는 디지털 자료를 직접적으로 지시하기 위해
    '디지털 리터러시'로 사용했다(조병영, 『읽는 인간 리터러시를 경험하라』, 쌤앤파커스,
    2021, p. 186).

7   학술 지식을 시민에 개방해 신뢰성 있는 지식을 제한 없이 이용하도록 하는 방
    안이다(박서현, 『지식을 공유하라』, 빨간소금, 2022 참고).

8　박서현, 앞의 글.

9　커먼즈는 공통적인 것(자원) 그 자체이자 그것을 나누는 과정을 포함하는 것이
　　다. 학술 지식은 인류가 집적해 놓은 공통의 것으로 학술 자원인 동시에 이를 현
　　재에도 지속하는 커머닝 활동을 포함한다(한디디, 앞의 책).

10　윤종수, 「지식커먼즈와 저작권법 그리고 CCL」, 『지식을 공유하라』, 빨간소금,
　　2022, pp. 58 – 84.

11　서강대학교 로욜라도서관 제공.

12　학술 데이터베이스는 각 대학마다 계약 내용이 다르다.

13　이외에도 'E – BooK'을 이용하는 방법, 국내외 잡지를 열람할 수 있는 '모아진'과
　　'PressReader', 전 세계 업종별 통계 자료 등을 확인할 수 있는 Statista, 국내 판
　　례 및 법령 정보를 확인할 수 있는 '로앤비', 기업 정보를 알 수 있는 TS2000, 사
　　회과학 연구, 특히 양적 연구나 온라인 설문 조사가 가능한 KSDC, 한국 역사정
　　보가 종합된 한국역사정보시스템 등 신뢰할 만한 정보가 집적된 사이트를 참고
　　해보자.

14　Barbara Schader, *Learning commons: Evolution and Collaborative Essentials,* Elsevier,
　　2014.

15　학술 지식을 공유하는 의미와 관련해서 다음 책을 참고해볼 수 있다(『지식을 공유
　　하라』, 2022).

16　2023 – 2학기 10 – 12주차 읽기 자료.

17　2023년 1학기 사례(토론 전체 일정 중 1회 이상 질문한 후 게시판에 기록함).

18　B. Kamler, 앞의 글, p. 79.

19　https://writing.sogang.ac.kr/front/guide/pdf/1 – 3.pdf.

20　존 트림블, 『살아있는 글쓰기』, 이창희 역, 이다미디어, 2011, p. 124.

21　서강대 글쓰기센터 튜터링 일부.

22　반론 대응은 수업 시간에 질의 응답으로 대체했다. (수업 시간에 논증적 글쓰기를 위
　　한 별도의 활동을 하지 않았다면) 다시 말해 글쓰기의 완결성을 단독적으로 마련해
　　야 하는 상황이라면, 주장 – 근거를 조금 더 보강해야 하고 반론 대응을 필수적으
　　로 포함해야 한다.

1   Noam Chomsky, "The False Promise of ChatGPT", https://nytimes. com/2023/03/08/opinion/noam-chomsky-chatgpt-ai.html.

2   천현득, 「챗GPT 앞뒤로 던지는 질문들… '사실·성찰' 없다」, 『교수신문』, 2023. 4. 13, https://kyosu.net/news/articleView.html?idxno=103259.

3   M. Halaweh, "ChatGPT in education: Strategies for responsible implementation", *Contemporary Educational Technology*, 15(2), 2023, https://digitallibrary. aau.ac.ae/bitstream/handle/123456789/980/ChatGPT%20in%20education_%20Strategies%20for%20responsible%20implementation.pdf?sequence=1&isAllowed=y.

4   「챗GPT, 막장 드라마 대본도 순식간에… 작가가 보조로 전락하나」, 『한겨레』, 2023. 5. 15.

5   고려대학교, 「국내 대학 최초 ChatGPT 활용 가이드 라인 제정」, 『고대 뉴스』, 2023. 3. 16.

6   김성우는 '개념적 탐색'으로 전제하며 '인간+인공지능'의 함께 쓰는 안을 제시한다. 그리고 그 예로 '인공지능이 초안을 써준다'고 언급하는데, '초안'의 경우라 하더라도 '협업'의 결과로 볼 수 있을지 논의가 필요하다(김성우, 『인공지능은 나의 읽기 쓰기를 어떻게 바꿀까』, 유유, 2024, p. 230).

7   최진영의 「델파이를 활용한 생성형 AI 기반 글쓰기 피드백 모형 개발」(『리터러시 연구』, 15(5), 2024. 10)에서는 논증적 글쓰기를 평가하는 「생성형 AI 기반 글쓰기 피드백 모형 최종안」의 내용을 선보이고 있다.

8   "Grammarly, A Free Proofreading Tool", https://writingcenter.uagc.edu/ grammarly.

9   서강대학교 글쓰기센터의 튜터는 주로 인문사회계 석박사 과정생으로, 교수자가 요구하는 내용에 따라 학생들의 글을 첨삭한다. 첨삭 항목은 '주제 구성과 서론-본론-결론 구조, 주장과 근거의 적절성, 오타 및 비문, 맞춤법 전반'이며 매 학기 거의 동일하다. 약 4,000-5,000자 분량의 짧은 에세이를 처음 작성하는 학생들에게 구체적이고 자세한 안내를 제공하며 글 전체에 대한 이해를 돕기 때문에 학생들의 만족도가 높은 편이다.

10 이 글에서는 2023년 1학기 한 분반 약 30명 정도의 첨삭지를 사용했으며 튜터들이 문장 첨삭 과정에서 거론하는 내용을 중심으로 정리했다. 참고로 첨삭 신청을 하기 전에 각 분반의 교수자들이 첨삭 항목을 미리 지정·신청하지만 그렇지 않을 경우 글쓰기센터의 일반적 기준을 가지고 첨삭한다.

11 앞서 언급했지만 이 글에서 사용한 언어 생성 모델은 '챗GPT 3.5'와 '챗GPT 4'
   와 연동된 '뤼튼'이다. 이 연구에서 예시된 챗GPT 생성 결과는 2023년 11월에서
   12월 사이에 검색된 것들로 '한국어'로 묻고 '한국어'로 결과를 확인해서 보고서
   자료로 활용했으며, 이 결과를 다시 확인하기 위해 다시 결과값을 생성한 경우에
   는 날짜를 별도로 병기했다. 즉, 날짜가 병기되어 있지 않은 경우는 2023년 12월
   생성 결과이며 날짜가 기입된 것은 그 밖의 것들이다.

12 https://wrtn.ai.

13 생성형 AI 프롬프트 작성은 이미 제출한 논문에 기초해 있다. 참고로 프롬프트
   작성에서 몰릭의 다음 논문을 참고했다. E. Mollick, and L. Mollick, "Part 1: AI
   as Feedback Generator", 2023. 9. 25, https://hbsp.harvard.edu/inspir-
   ing-minds/ai-as-feedback-generator. 박숙자, 「챗GPT와 대학 글쓰기: 학
   습자 중심의 AI 피드백-문장 첨삭을 중심으로」, 『교양학연구』 27, 다빈치미래
   교양연구소, 2024, pp. 101-141.

14 이 글은 기출판된 논문에 기초해 있다(박숙자, 위의 글).

6부 탈진실 시대의 쓰기 교양

1 마르쿠스 가브리엘, 『지나치게 연결된 사회』, 이진아 역, 베가북스, 2022, p. 7. 가
   브리엘은 팬데믹 이후 '사람과 바이러스의 연결, 국가와 국가의 연결, 개인과 개
   인의 연결 등에 변화가 일어났다고 제시한다. 본고에서는 이 관계성 변화의 핵심
   에 '인간과 기계'가 놓여 있다고 보았다.

2 B. Driscoll, *What Readers Do: Aesthetic and Moral Practices of a Post-Digital Age*, Blooms-
   bury Academic, 2024(이 책에서는 디지털 매체가 '여가 독서'를 하는 독자의 읽기 관행
   에 긍정적이라고 분석한다).

3 '담화 공동체'가 말과 글을 생산하고 나누는 관계와 구조 중심의 용어라면, '언어
   생태계'는 말과 글을 둘러싼 환경 속에서 언어를 유기체로 보는 사회학적 관점이
   다(S. Eliasson, "The birth of language ecology: Interdisciplinary influences in Einar
   Haugen's "The ecology of language"", *Language Sciences* 50, 2015, pp. 78-92). '언어
   생태계'라는 용어를 사용하는 학자들이 많지만 주로 언어의 다양성과 관련한 논
   의에 집중되어 있다. 본고에서 강조하고자 하는 '언어 생태계'는 언어의 생산, 소
   멸, 약탈과 생성에 관여하는 사회적 맥락과 환경을 살피기 위한 논의다. 참고한
   논문은 하우젠의 개념을 재해석하는 데 논문의 상당 부분을 할애하고 있지만
   '언어 생태계'를 사회학적 개념으로 전유하고 있어 그 배경을 설명하고자 했다.

부록

1   유발 하라리, 『21세기를 위한 21가지 제언』, 전병근 역, 김영사, 2018, pp. 396 – 397.

2   "출처 표기법", https://citation.sawoo.com/ref/guide/chicago.

쓰기 교양

초판 1쇄 펴냄   2025년 3월 31일

지은이   박숙자
펴낸이   김경섭

펴낸곳   도서출판 삼인
전화   02-322-1845
팩스   02-322-1846
이메일   saminbooks@naver.com
출판등록 1996년 9월 16일 제25100-2012-000045호
주소   (03716) 서울시 서대문구 성산로 312, 북산빌딩 1층

ISBN 978-89-6436-277-8 03710